숨어 계신
하나님

IVP(InterVarsity Press)는
캠퍼스와 세상 속의 하나님 나라 운동을 지향하는
IVF(InterVarsity Christian Fellowship)의 출판부로서
생각하는 그리스도인을 위한 문서 운동을 실천합니다.

숨어 계신
하나님

김영봉 지음

Ivp

"너는 기도할 때에,
골방에 들어가 문을 닫고서,
숨어서 계시는 네 아버지께 기도하여라.
그리하면 숨어서 보시는 너의 아버지께서
너에게 갚아 주실 것이다."
 -마태복음 6:6

"일을 숨기는 것은
하나님의 영광이요,
일을 밝히 드러내는 것은
왕의 영광이다."
 -잠언 25:2

차례
Contents

머리말 · 9

"밀양" 줄거리 · 15

1장 _ 밀양으로 가라 _ 믿음 · 19

2장 _ 값을 지불하라 _ 용서 · 43

3장 _ 끌어안으라 _ 고난 · 63

4장 _ 마음의 눈을 뜨라 _ 체험 · 87

5장 _ 차라리 침묵하라 _ 전도 · 109

6장 _ 연극을 끝내라 _ 인생 · 129

7장 _ 거울을 들어 주라 _ 사랑 · 149

맺는 말 · 169

후기 · 179

*일러두기: 본문에 나오는 성경은 새번역에서 인용하였습니다. ─편집자 주.

머리말 ● 영화 "밀양"에 대한 사색을 시작하며

●● 불편한 영화 "밀양"

2007년 제60회 칸 영화제에서 여우 주연상을 수상한 이후 국내외 여러 영화제에서 찬사와 호평과 수상의 영예를 이어가고 있는 이창동 감독의 영화 "밀양." 이 영화는 기독교 영화도 아니고, 종교 영화도 아닙니다. 하지만 이 영화는 인생의 근본적인 문제들에 대해 여러 가지 질문을 던져주며 또한 깊은 통찰을 제공해 줍니다. 종교적인 관심을 가지고 있는 사람에게는 더 많은 생각의 실마리들을 던져 줍니다. 기독교인에게는 그 특별함이 더한데, 주인공이 교회를 통해 기독교적 구원을 추구하는 과정을 자세하게 묘사하고 있기 때문입니다.

이 영화는 기독교를 선전하려는 목적으로 만들어지지 않았습니다. 오히려 이 영화는 기독교인들을 아주 불편하게 합니다. 불쾌감을 느끼는 사람도 적지 않았다고 합니다. 그래서 이 영화를 '반기독교적 영화'

라고 생각하는 사람들이 많았습니다. 하지만 감독은 기독교의 모습을 가능한 한 있는 그대로 그리기 위해 믿을 만한 목회자로부터 세심한 자문을 받았다고 합니다. "투 캅스", "할렐루야" 혹은 "친절한 금자씨" 같은 영화가 교회와 기독교인들을 조롱했던 것과 달리, "밀양"은 주인공 신애가 자신의 문제를 해결하기 위해 거쳐 가는 한 과정으로서 교회와 기독교를 등장시킵니다. 그리고 이 영화에는 교회와 교인의 모습을 있는 그대로 그리려고 힘써 노력한 흔적이 뚜렷하게 보입니다.

저는 이 영화를 보고 난 후 기억에 남겨진 잔상들을 떨쳐 버리기가 어려웠고, 영화가 제게 제기한 질문들로부터 벗어나기 어려웠습니다. 영화가 끝난 후에도, 신애와 도섭이 철창을 사이에 두고 마주한 장면이며, 신애가 달뜬 표정으로 간증하는 장면, 공원에서 열리는 부흥 집회에 가서 방해하는 장면, 미장원에서 도섭의 딸을 마주하는 장면 등이 제 마음속에서 '연속 상영' 되고 있었습니다. 그와 함께 다음과 같은 질문들이 저를 괴롭혔습니다. 인생이란 무엇일까? 구원이란 어떤 것일까? 우리는 과연 용서할 수 있을까? 신에게 참회한다는 것은 무엇일까? 상처받은 사람을 어떻게 사랑하고 도울 수 있을까? 믿는다는 것은 무엇일까? 교회의 존재 이유는 무엇일까?

한 편의 영화를 보고 이렇게 괴롭힘을 당해 보긴 처음이었습니다. 문화비평적인 은유를 사용하자면, 감독이 영화 속에 숨겨 놓은 덫에 걸린 것입니다. 그래서 생각 깊은 우리 교우들과 함께 이 문제를 논의하면서 답을 찾아보고 싶었습니다. 그렇게 궁리하던 중에 저는 설교를 통해 이 문제를 다루기로 마음 먹었습니다. 그래서 "영화관에 가신 예수님"이라는 4회 연속 설교(동영상을 보고 싶은 분들은 www.kumcgw.org에 오셔서 2007년 10월 28일, 11월 4일, 11일, 25일 설교를 클릭하시면 됩니다)를 하게 되었습니다. 설교를 마친 다음에도 다하지 못한 이야기들이 많이 남아 있었습니다. 그래서 이렇게 책으로 엮어 내게 되었습니다. 설교에서 다루지 못한 세 가지의 주제를 더했고, 이미 설교했던 원고도 많은 부분 수정하였습니다.

저는 영화 비평에 문외한입니다. 지금까지 영화 비평을 한 번도 시도해 보지 않았습니다. 그러므로 이 글을 영화비평적 시각에서 보지 않으셨으면 좋겠습니다. 영화 "밀양"을 소재로 삼았기 때문에 어쩔 수 없이 비평을 시도하기는 했으나, 그것이 제 우선적인 관심은 아님을 잊지 말아 주시기 바랍니다. 영화에 대한 제 해석과 설명은 주제의 중심을 향해 접근해 가는 방편임을 밝힙니다. 그러므로 혹시 영화 해석에서 동의할 수 없는 부분이 있다 하더라도, 신학적인 주제를 중심으로 읽어 주시기 바랍니다.

●● 자기 성찰의 도구

혹시 독자들 가운데 신애와 유사한 경험을 하신 분들이 계시다면, 이 책의 내용을 잘 소화해 주시기를 부탁드립니다. 제가 섬기는 교회 교우 중에 첫째아이를 교통사고로 잃고 방황하다가 회복된 분이 계십니다. 연속 설교가 끝난 후, 그분이 제게 찾아와 그 동안 무척 힘들었노라고 토로하셨습니다. 이미 치유되었다고 생각했던 과거의 상처가 신애의 이야기를 통해 되살아났기 때문입니다. 또한 제가 신애를 하나의 '대상'으로 분석하는 것이 견디기 어려웠던 것 같습니다. 그분은 자신이 곧 신애라고 느꼈고, 마치 제가 그분 자신의 문제를 파헤치는 것 같은 느낌을 받았던 것 같습니다. 또한 그분은 당사자가 아니면 알 수 없는 차원의 문제들도 있음을 지적해 주셨습니다.

그분의 말씀을 들으면서, 제대로 알지도 못하고 다른 사람의 문제에 참견한 듯한 부끄러움을, 저는 느꼈습니다. 이 글이 그분과 같은 입장에 있는 분들에게는 매우 불편할 수 있다는 사실을 깨달았습니다. 그런 상처를 가진 분들은 영화조차도 끝까지 볼 수 없을 것입니다. 그래서 이 책을 내면서 저는 매우 조심스럽습니다. 혹시 영화를 보시면서 과거의 상처가 떠올라 고통을 겪으셨던 분들은 꼭 기억해 주시기 바랍니다. 이 책에서 제가 가상의 인물 신애에 대해 이야기하고 있다는 사실을 말입니다. 이 지면을 빌어, 자신의 아픈 상처를 내어 놓고 이야기해 주신 그분께 감사드립니다. 그분의 이야기가 저로 하여금 신애의 아픔을 더 깊이 들여다 볼 수 있게 해 주었습니다.

이 책에서 제가 의도하는 바는 영화 "밀양"에 비추어진 기독교인들의 초상에 대해 깊이 반성해 보자는 것입니다. 이 영화가 저를 그토록 불편하게 했던 이유 중 하나는 다음과 같습니다. 영화가 그리는 교회와 교인들의 모습이 실제의 우리 모습과 너무도 닮았는데, 그래서 딱히 뭐가 잘못되었다고 꼬집어 말하기가 어려운데, 그런데 딱히 꼬집어 말할 수 없는 '낯선 점'이 있다는 것입니다. 그로 인해 이 영화에서 교회는 신애에게 구원의 인도자가 되는 데 실패합니다. 교회가 그 동안 선전해 온 것이 맞다면, 당연히 신애에게 희망이 되어 주어야 했을 텐데, 신애는 결국 교회를 떠나게 됩니다. 교회가 실패했다는 말입니다.

사실, 이것은 한국 교회에 대한 뼈아픈 고발이라 할 수 있습니다. 최근 들어 주요 방송사들이 주기적으로 방영하는, 교회의 비리에 대한 고발 프로그램보다 더 깊이 있고, 더 날카롭고, 더 아픈 고발이요 충고요 각성이라 할 수 있습니다. 이 애정 깊은 고발에 대해 '반기독교' 운운하며 흥분하는 것은, 도둑이 제 발 저려하는 꼴입니다. 우리가 이 영화를 통해 우리 자신을 잘 성찰하고 그 깨달음을 겸손히 수용한다면, 우리는 지금보다 훨씬 나은 모습으로 회복될 수 있다고 믿습니다. 이 책이 그러한 반성의 도구가 되기를 간절히 기도합니다.

이번에도 IVP에서 산고를 겪어 주셔서 감사드립니다. 「바늘귀를 통과한 부자」, 「사귐의 기도를 위한 기도선집」 그리고 「가상칠언 묵상」에 이어, 이번에도 편집 작업을 맡아 수고해 주신 임혜진 간사께 깊은 감사를 드립니다. 또한, 제가 섬기는 와싱톤한인교회 교우들께 깊은 감사를 드리는 바입니다. 교우들이 보여 주신 따뜻한 격려와 사랑과 기도가 이 글을 탄생시켰다고 해도 과언이 아닙니다. 이 글에 혹시 흠이 있다면, 그것은 제가 부족한 탓입니다. 마지막으로, 이 작업을 하는 동안 성령의 영감을 '진하게' 경험했음을 고백합니다. 영화를 보고 나서 처음에 기획한 것은 아주 작은 고양이였는데, 한번 붓을 들고 그리다 보니 호랑이의 모습이 되었습니다. 제가 한 일이 아니라, 성령께서 하신 일이라고 믿습니다. 찬양과 영광을 주님께 올려 드립니다.

2008년 2월
버지니아에서
김영봉

"밀양" 줄거리

　30대 초반의 여성 신애(전도연 분)는 유치원생 아들 준을 데리고 죽은 남편의 고향인 밀양으로 내려간다. 밀양에 거의 다다라 차가 고장난다. 신애는 차를 길가에 세워 두고 정비사를 부른다. 연락을 받고 찾아온 노총각 정비사 사장 종찬(송강호 분)은 신애에게 한눈에 반해 버린다. 신애는 밀양에서 피아노 학원을 차리고 살림을 시작한다. 신애는 동네 사람들에게 피아노 학원을 홍보하면서, 죽은 남편의 뜻을 받들어 남편의 고향으로 살러 왔다는 이야기를 은근히 흘리고 다닌다. 사람들은 필시 무슨 다른 사연이 있을 것이라고 추측하면서도, 신애의 말을 믿어 주는 척한다.
　밀양에 정착하자 신애는 투자하기 좋은 땅을 찾아 달라고, 주변 사람들에게 부탁하고 다닌다. 그러나 사실 은행에 가지고 있는 돈은 470만원이 전부다. 이렇게 밀양 사람들의 동정도 사고 부러움도 사면서 자리를 잡아 갈 즈음, 사건이 일어난다. 아들 준이 다니던 웅변 학원 원장 박도섭이 신애의 돈을 탐하여 아들을 유괴하고 돈을 요구한 것이다. 범인에게 가진 돈 470만 원을 모두 주고 사정하지만, 아들 준이는 이미 살해된 후다. 신애는 삶의 유일한 이유를 잃은 듯, 주체할 수 없는 슬픔에 빠져든다.

 아들의 사망 신고를 마치고 휘청거리며 동사무소를 나오던 신애는 "상처받은 영혼을 위하여"라는 부흥회 현수막을 보게 된다. 이미 은혜약국 김 집사로부터 부흥회 참석을 권고받은 신애는 조심스럽게 집회로 향한다. 집회가 끝나고 다함께 기도하는 중, 신애는 끓어오르는 슬픔을 내어놓고 대성통곡한다. 부흥강사는 신애에게 다가와 머리에 손을 얹고 안수 기도를 해준다. 신기하게도, 통곡은 가라앉고 신애의 마음은 잠시 평화를 찾는다. 그 다음날부터 그는 교회를 다니면서 자신이 받은 은혜에 대해 간증하기 시작한다.

...

 교회 안에서 믿음 좋은 사람으로 점차 인정을 받던 즈음, 신애는 모두를 놀라게 하는 결정을 내린다. 수감중인 범인, 자신의 유일한 희망 줄을 끊어 버린 박도섭을 찾아가 용서하겠다는 뜻을 보인 것이다. 교인들도 말리고, 목사도 말리고, 그림자처럼 그를 지키던 종찬도 말리지만, 신애는 고집을 꺾지 않고 감옥으로 향한다. 사람들은 모두 신애의 믿음과 용기에 감탄한다.

　그러나 뜻하지 않은 반전이 일어난다. 범인을 마주한 신애가 긴장되고 굳은 표정을 가까스로 누그러뜨리고, "하나님의 사랑으로 당신을 용서하러 왔다"라고 말하자, 범인 박도섭은, 자신도 이미 하나님을 만나 그 동안 지은 죄를 모두 용서받았다고 대답한다. 신애는 갑작스러운 상황에 어쩔 줄을 모른다. 신애는 면회를 끝내고 교도소 마당으로 나오다가 그만 기절해 버린다. 그 이후로, 신애는 하나님과의 투쟁을 시작한다.

　하나님에 대한 신애의 분노는 자신이 용서할 권리를 빼앗아 갔다는 데서 연유한다. 초인적인 용기를 내어 용서하러 갔는데, 하나님이 그 기회를 박탈했다는 것이다. 신애는 이 사실에 격하게 저항한다. 영화 후반에는 신애가 증오의 눈빛으로 하늘을 응시하는 장면이 자주 나온다. 야외 부흥회를 방해하고 나오면서 신애는 고소하다는 듯 하늘을 응시한다. 약국 주인 강 장로를 유혹할 때도 마찬가지다. 차 안에서 유혹하던 신애는 강 장로를 밖으로 데리고 나온다. 하늘에서 훤히 내려다보이는 들판에서 강 장로가 유혹에 이끌려 신애를 안고 눕자, 신애는 하늘을 향해 이렇게 말한다. "보여? 잘 보이냐구?" 하지만 강 장로는 "하나님이 보고 계시는 것 같다"라면서 중도에 포기한다. 하나님은 또 다시 신애의 계획을 망쳐 놓은 것이다.

　마침내, 신애는 하나님에 대한 최후의 복수로서 자살을 시도한다. 팔목을 칼로 그은 후 터질 듯한 고통 속에서, 신애는 하늘을 응시하면서 말한다. "봐? 보여?" 하지만 그는 끝까지 견디지 못하고, 밖으로 나와 지나가는 사람들에게 살려 달라고 애걸한다. 병원에 실려간 신애는 정신 치료를 받는다.

...

퇴원한 후 종찬이 데리고 간 미용실에서 신애는 박도섭의 딸과 마주친다. 원수의 딸에게 머리칼을 맡기게 된 운명의 장난을, 신애는 참지 못하고 박차고 나온다. 이때, 그는 또다시 하늘을 응시한다. 집으로 가는 중에 신애는 옷가게 주인을 만난다. 신애의 조언대로 실내 디자인을 바꿨다고 자랑하던 여인은 신애의 머리 모양을 보고 무슨 영문이냐고 묻는다. 신애는, 머리를 자르다가 마음에 안 들어 도중에 나왔다고 대답한다. 여인은 순간 "미쳤는가 봅다"라고 응수했다가 말실수를 한 것을 깨닫고 당황한다. 잠시 멈칫하던 신애는 재미있다는 듯 배꼽을 잡고 웃고, 그 여인도 따라 웃는다.

집으로 돌아간 신애는 거울을 세워 놓고 가위를 들어 자르다 만 머리카락을 다듬는다. 이때 종찬이 들어와 거울을 들어 준다. 신애는 종찬이 들어 준 거울을 보고 머리카락을 다듬는다. 신애의 등 뒤에는 따뜻한 햇살이 내리쬐고, 거울에 비친 신애의 얼굴은 하얗게 빛난다. 밖에서는 아이들이 노는 소리가 들려온다. 잘려진 머리카락은 밀양의 따뜻한 햇볕이 내리쬐는 하수구 구석으로 날아간다. 영화는 머리카락이 날리는 하수구를 오래 비추어 주면서 끝난다.

1장
밀양으로 가라—믿음

●● 특별하지 않은 곳, 밀양

　영화 "밀양"을 보기 전까지, 경상남도 밀양에 대해서 제가 아는 것은 '밀양 아리랑' 그리고 유서 깊은 사찰 표충사 정도였습니다. 저뿐 아니라 대부분의 한국 사람에게, 밀양이라는 도시는 광주나 여수 혹은 마산 같은 상징성 높은 도시들과는 거리가 멉니다. 이름만 듣고도 뭔가가 느껴지는 그런 지명은 아니라는 뜻입니다. 그뿐 아니라, 밀양의 역사나 전통이나 지역 정서가 이 영화에서 특별한 역할을 하지 못합니다. 밀양이 고향인 사람들은 이 영화를 보고 좀 실망했을 것 같습니다. 영화 제목을 듣고, '한두 가지라도 우리 고향의 자랑거리가 소개되었으면…' 하는 기대감을 가졌을지도 모르기 때문입니다.
　그렇다면 감독은 왜 이 영화의 제목을 "밀양"이라고 붙였을까요? 그 이유는 밀양이라는 도시의 '평범성'과 밀양이라는 지명의 뜻 때문입니다. 영화 초반, 밀양으로 들어오는 길에서 신애와 종찬이 나눈 대화와, 영화 마지막 즈음 종찬과 신애의 남동생이 나눈 대화는, 감독이 이런 제목을 붙인 이유를 짐작하게 합니다. 감독은 일부러 밀양에 대한 대화를 영화 처음과 마지막에 배치시킨 것처럼 보입니다. 두 장면을 옮겨 보았습니다.

신애와 종찬의 대화

고장난 차를 견인차에 싣고 신애와 준이를 옆에 태운 종찬은 부동산 중개업을 하는 친구에게 전화하여 피아노 학원이 딸린 살림집을 하나 찾아 달라고 부탁합니다. 전화를 끊고서, 종찬은, 부동산 사장이 자기 말이면 꼼짝을 못하는 사람이라고 자랑합니다. 그때 신애가 묻습니다.

신애 밀양이 어떤 곳이에요?
종찬 밀양이 어떤 곳이냐고예? 어, 뭐라 카겠노? 경기가 엉망이고, 뭐 여는 한나라당 도시고, 부산 가깝고예, 말씨도 부산 말씨고. 급하고, 말씨가. 인구는 많이 줄었고….
신애 아저씨, 밀양이란 이름이 무슨 뜻인지 알아요?
종찬 뜻요? 우리가 뭐 뜻 보고 삽니꺼? 그냥 사는 기지예.
신애 한자로 비밀 밀(密), 볕 양(陽). 비밀 햇볕. 좋죠?
종찬 비밀 햇볕? 허허, 좋네예.

종찬과 신애 남동생의 대화

자살 소동 이후 누나를 보러 내려왔던 신애의 남동생 민기를 종찬이 밀양역까지 데려다 줍니다. 밀양강 다리를 건너면서, 종찬이 민기에게 영남루에 대해 설명해 줍니다. 민기는 그런 것에는 관심이 없다는 듯한 표정으로 종찬에게 묻습니다.

민기 밀양이 어떤 곳이에요?
종찬 밀양이 어떤 곳이냐꼬예? 허허!
민기 왜 웃으세요?
종찬 아, 신애 씨가 밀양에 처음 오던 날, 나한테 똑같이 물었거든예.
민기 ….
종찬 밀양이 어떤 곳이냐? 뭐라 카겠노…똑같아예, 딴 데하고. 사람 사는 데 다 똑같지예, 뭐. 허허!

밀양 토박이인 종찬에 의하면, 밀양은 다른 곳과 별로 다를 것 없는 곳입니다. "밀양이 어떤 곳입니까?"라는 질문을 받았을 때 대개는 머뭇거릴 수밖에 없는, 별스럽지 않은 곳입니다. 그런데 신애는 '밀양'이라는 지명이 심상치 않다고 느낍니다. '비밀 밀' 자와 '볕 양' 자를 합쳐 만든 이 지명은 '비밀 햇볕'이라는 뜻입니다. 다른 지역과 별로 다를 것이 없는 평범한 곳, 그렇지만 비밀스러운 무언가가 있을 것 같은 예감을 주는 곳, 그곳이 밀양이라는 것입니다.

실제로 '밀양'이라는 지명이 어디에서 나왔는지 조사를 해 보았습니다. 어느 향토학자에 의하면, '밀양'이라는 지명은 '밋양'에서 진화한 것인데, '밋양'은 '미의 양'이라는 말에서 나왔다고 합니다. '미의

양'에서 '미'는 물을 뜻하고, '양'은 북쪽을 뜻합니다. 따라서 밀양이라는 지명은 '물의 북쪽'이라는 뜻입니다. 밀양에는 '밀양강'이라는 강이 흐르는데, 옛부터 이 지방 사람들은 이 강을 '남강'이라고 불렀다고 합니다. 그러니 밀양은 '강의 북쪽에 있는 마을'이라는 뜻이라는 추론이 가능합니다.

이 추론이 맞는지 어떤지는 확신할 수 없지만, 감독은 '밀양'이라는 지명의 원래 의미를 연구한 것 같지도 않고, 그에 대해 관심도 별반 없는 것 같습니다. 밀양의 역사, 유래, 전통, 정서 등에 대해서는 도무지 관심이 없습니다. 다만, 밀양이 다른 여느 도시와 별로 다를 바 없다는 점과, 감독이 스스로 의미를 부여한 '밀양'이라는 이름의 뜻만을 붙들고 있습니다.

●● 비밀 햇볕을 찾아가는 여정

이 영화에서 햇볕은 매우 중요한 상징성을 가집니다. 영화의 시작 부분을 보면, 자동차 안에서 보이는 하늘의 모습을 15초 동안 비추어 줍니다. 영화에서 15초면 매우 긴 시간입니다. 그런데 이 15초 동안 환한 햇볕, 드러난 햇볕, 눈이 부시도록 강렬한 햇볕이 화면에 계속 비칩니다. 신애는 바로 그 강렬한 햇볕을 찾아서 밀양으로 왔는지도 모릅니다. 너절한 자기 삶에 햇볕이 깃들기를 바라는 마음에서, 그 햇볕이 은밀하게 내리쬐는 도시 밀양으로 찾아왔는지 모릅니다. 옛날 유행가 가

사처럼, '쨍 하고 해 뜰 날'이 오기를 열망했는지 모릅니다.

하지만 불행하게도, 신애의 기대감은 처참하게 깨집니다. 자신의 삶에 햇볕이 깃들기를 바라고 밀양으로 왔는데, 오히려 어둠만 더 깊어졌습니다. 아들 준을 잃고 살아가는 신애의 삶은 말 그대로 짙은 어둠입니다. 영화는 아들을 잃은 뒤에 집에 홀로 있는 신애의 모습을 자주 보여 주는데, 언제나 짙은 어둠이 신애를 두르고 있습니다. 햇볕이 특히 밝은 밀양이기에 신애의 어둠은 더욱 짙어 보입니다.

신애는 어둠에서 벗어나고 싶어 교회를 찾습니다. 교회에 첫 발을 들여놓는 순간, 그는 햇볕을 잡았다 싶었습니다. 밀양으로 찾아들면서 막연히 기대했던 그 햇볕을, 믿음을 통해서 잡았다 싶었습니다. 그 햇볕으로 삶을 다시금 역전시킬 수 있으리라고 기대했습니다. 그는 하나님의 햇볕이 자신에게 깃들었다고, 행복한 표정으로 간증하고 다닙니다. 사실은 어둠 속에서 한 걸음도 벗어나지 못했으면서, 짐짓 밝은 대낮에 살고 있는 사람처럼 연극을 합니다. 그렇게 연극을 하다 보면 실제로 그렇게 될지 모른다고 기대했는지 모르겠습니다. 아니, 그렇게라도 하지 않고는 자신을 짓누르고 있는 어둠을 견디지 못했던 것인지도 모릅니다. 심리학자들에 의하면, 인간은 극한의 고통을 견디지 못하기 때문에 어떻게든 그 고통을 내려놓을 구실을 찾는다고 합니다. 신애는 자신의 고통을 내려놓기 위해 치유받은 사람처럼 행동했던 것 같습니다.

그런데 신애는 아들을 죽인 범인 박도섭을 면회하고 나서, 자신이 잡았다고 생각한 그 햇볕에 배신감을 느낍니다. 우리가 보기에 그것은 신애가 자초한 일입니다만, 신애는 그것을 햇볕의 배신 즉 하나님의 배신이라고 받아들입니다. 그때부터 신애는 하늘과의 투쟁에 들어갑니다. 하나님과의 싸움에 돌입합니다. 어차피 자신의 어둠을 벗어날 수 없다면, 어둠의 세력과 합하여 빛과 싸워 보겠다는 심산입니다. 어둠으로 빛을 이겨 보겠다고 몸부림을 칩니다.

하나님에 대한 도전은 점점 거세지더니, 신애는 마침내 최후의 수단으로 자신의 목숨을 끊는 시도를 사용합니다. 팔목의 혈관을 끊고 고통스럽게 "보여, 보이냐구!"라고 하늘을 향해 울부짖는 신애의 몸부림은 하나님에 대한 최후의 결전처럼 보입니다. 하지만 그 마지막 싸움에서 제풀에 지쳐 항복하고 맙니다. 고통을 참다 못해 밖으로 뛰쳐 나와 지나가는 사람들에게 "살려 주세요"라고 사정하는 신애의 절규는, 마치 하나님에 대한 호소처럼 들립니다. "하나님, 제가 졌습니다. 이제 싸움을 포기합니다. 그러니 저를 한 번만 도와 주세요. 이제는 모른 체할게요. 이제는 포기할게요"라고 말하는 것처럼 보입니다.

신애는 병원에서 정신 치료를 받고 다시 자신의 삶의 현장으로 돌아오고 나서야 서서히 제정신을 차립니다. 있는 그대로 자신의 모습을 받아들이기 시작합니다. 아들의 사진이 붙어 있는 거울을 앞에 놓고도 담담히 자신의 얼굴을 살필 수 있게 되었습니다. 영화를 다 보고 나서 여운을 곱씹다 보니, 아무런 행운도 보장하지 않는 밀양을 신애가 이제는 진실로 사랑할 것처럼 보이고, 속물처럼 보이기만 했던 종찬을 결국 받아들이고 사랑할 것 같은 느낌이 들었습니다. 현실로 돌아오니, 이렇게 모든 것이 달라 보입니다.

거울을 앞에 두고 앉은 신애의 모습은 서정주 시인의 "국화 옆에서"라는 시의 한 구절을 생각나게 합니다.

머언 먼 젊음의 뒤안길에서
인제는 돌아와 거울 앞에 선
내 누님같이 생긴 꽃이여.

신애는 남편의 사망으로 인한 충격, 사망 후 알게 된 남편의 외도 사실로 인한 배신감과 절망감, 밀양에서의 가슴 부푼 새출발, 그 꿈을 산산히 깨뜨려 버린 아들의 죽음, 새로운 희망을 품게 했던 하나님과의 행복한 만남, 그리고 그 희망을 짓밟아버린 하나님의 배신, 그리고 하나님과의 긴장감 어린 투쟁을 거쳐, 많이 지친 모습으로, 하지만 삶의 우여곡절에 어느 정도 초연한 사람처럼, 거울 앞에 앉아 가을 국화처럼 하늘거리고 있습니다.

그렇게 거울 앞에 앉은 신애의 등 뒤로 내리쬐는 햇볕은 신애의 얼굴을 하얗게 비추어 줍니다. 그 빛은 '비밀 햇볕'입니다. 영화가 시작될 때 차창 안에서 보던 밝고 눈부시고 강렬한 햇볕이 아닙니다. 하늘 가득히 눈부시게 쏟아져내리는 햇볕이 아니라, 비스듬히 비추는 엷은 햇볕입니다. 신애가 밀양으로 이사할 때 마음속으로 갈망했던 그 '비밀 햇볕'이 이제야 신애에게 깃듭니다. 어찌 보면, 이 영화는 신애가 '비밀 햇볕'을 찾아가는 고통스러운 여정에 관한 이야기라고 할 수 있습니다.

•• 숨어 계신 하나님

'비밀 햇볕'—빗물에 밀려온 오물과 찌그러진 약품 통이 아무렇게나 버려져 있는, 낮고 추하고 더러운 곳을 은밀하게 비추는 햇볕—이라는 상징이 제게는, 예수님이 우리에게 계시하신 하나님을 가리키는 것으로 보입니다. 그 하나님은 비밀 햇볕 같은 분이시기 때문입니다.

마태복음 6장 1절부터 18절에서 예수님은 구제와 기도와 금식에 대해 말씀하시는 가운데 하나님을 '숨어 계신 분'으로 소개하십니다. 당시 유대인들이 영적 생활의 실천 방법으로서 가장 중요하게 여기던 것이 이 세 가지였습니다. 그런데 많은 유대인들이 구제를 통해 사람들의 인정을 받으려 했고, 기도하고 금식하면서 사람들의 주목을 끌고 싶어 했습니다. 이 현상을 비판하시면서, 예수님은 "숨어서 계시는 네 아버지께 기도하여라" 혹은 "숨어서 계시는 네 아버지께서 갚아 주실 것이다"라고 말씀하십니다.

예수님은 여기서 유대교 역사상 유례를 찾기 어려운 혁명적인 신관(神觀)을 드러내십니다. 하나님이 숨어 계시다니요! 이게 무슨 뜻입니까? 하나님이 숨바꼭질을 하고 계시다는 뜻입니까? 하나님이 일부러 자신을 드러내지 않으신다는 뜻입니까? 그렇지 않습니다. 하나님은 자신을 드러내시는 '계시의 하나님'이십니다. 다만, 그분은 영적인 존재

이시기 때문에, 육적인 존재로 물질에만 익숙해 있는 우리 인간에게 숨어 계시는 것처럼 보입니다. 그렇기 때문에 예수님은 하나님을 '숨어 계시는 분' 혹은 '은밀하게 계시는 분'이라고 부르셨습니다.

'숨어 계신 하나님', 더 정확히 말하자면, '숨어 계신 것처럼 보이는 하나님'이 바로 이 영화가 암시하는 '비밀 햇볕'의 상징이 아닐까 생각합니다. 예수님이 드러내신 하나님은 눈부시게 쏟아지는 햇볕처럼 일하기도 하시지만, 그것은 예외일 뿐, 대부분은 신애의 등 뒤에서 비추는 비밀 햇볕같이 은밀하게 일하십니다. 조용히 머물러 있을 때, 등 뒤로 와서 우리의 어깨를 따뜻하게 비추며 감싸 주시는 분입니다. 격렬하게, 뜨겁게, 극적으로, 찬란하게, 눈부시게, 화려하게, 그리고 결정적으로 활동하기도 하시지만, 온화하게, 따뜻하게, 드러나지 않게, 차분하게, 눈에 띄지 않게, 조용하게, 그리고 있는 듯 없는 듯, 그렇게 활동하시기를 더 좋아하는 분입니다.

•• 낮고 추한 곳으로 임하시는 하나님

예수님이 드러내신 '숨어 계신 하나님'은 또한 낮고 초라한 현실에 더 깊이 임하시는 분입니다. 현실을 탈피하여 꿈 같은 세상 속에서 살아가도록 하시는 분이 아닙니다. 지난 2,000년의 기독교 역사에서 그리스도인들은 자신들만의 별세계를 지어 놓고 그곳으로 도피하려는 잘못을 범하곤 했고, 지금도 그런 사람들이 있습니다. 이런 행동은 그들이 섬기는 신이 예수님이 가르쳐 주신 하나님과 다른 존재임을 증명하는 결정적인 증거입니다. 예수님이 우리에게 드러내신 하나님은 천국만을 사모하면서 이 땅의 삶에서 도피하거나, 이 땅에 우리만의 천국을 지어 놓고 환각 속에서 살아가도록 하지 않으십니다. 오히려, 그 하나님은 현실을 정면으로 대면하고 끌어안고 사랑하기를 기대하십니다. 그래서 우리보다 먼저 우리의 초라하고 짜증나는 현실 속에 임하여 기다리고 계십니다.

이 지점에서 우리는 예수님의 빈 무덤에 있던 천사가 막달라 마리아에게 한 말을 기억할 필요가 있습니다. 그는 예수께서 부활하셨다는 소식을 전하면서 이렇게 말합니다.

> 그러니 그대들은 가서,
> 그의 제자들과 베드로에게 말하기를
> 그는 그들보다 먼저 갈릴리로 가실 것이니,
> 그가 그들에게 말씀하신 대로,
> 그들은 거기에서 그를 볼 것이라고 하시오(막 16:7).

부활하신 주님께서 제자들보다 먼저 갈릴리로 가셨다! 제자들이 다시는 가고 싶지 않았던 실패의 땅 갈릴리로 그분이 먼저 가셔서 제자들을 기다리고 계시다! 이것이 부활의 소식이었습니다. 그 소식을 듣고 제자들은 도피하고 싶었던 갈릴리로 되돌아갔고, 그곳에서 부활하신 주님을 만나 새롭게 출발했습니다. 부활하신 예수를 만난 제자들이 세상의 현실 속으로 파고 들어가자 세상은 아래로부터, 속으로부터 변혁되기 시작했습니다. 하찮아 보이는 누룩이 밀가루 반죽 전체를 부풀게 하는 것과 같은 '은밀한 혁명'이 일어난 것입니다.

예수님을 죽은 자들로부터 부활시킨 하나님은 이렇듯 우리 삶의 현장 속에 깊이 참여하시는 분입니다. 우리가 숨어 계신 하나님을 만나고 싶다면, 현실로부터 도피할 것이 아니라 더 깊이 현실로 들어가야 한다는 뜻입니다. 하나님은 그곳에서 우리를 만나시기 위해 기다리고 계십니다. 그분은 우리와 함께 우리의 초라하고 권태롭고 절망적인 현실을 역전시키기를 기대하십니다. 그래서 예수님은 돌아가시기 전에 제자들을 위해 이렇게 기도하셨습니다. "내가 아버지께 비는 것은, 그들을 세상에서 데려가시는 것이 아니라, 악한 자들에게서 그들을 지켜 주시는 것입니다"(요 17:15). 우리를 향한 하나님의 뜻은 우리의 현실로 들어가 그 현실을 천국으로 바꾸는 데 있지, 현실을 떠나 천국으로 도피하는 데 있지 않습니다.

그렇다면 이 영화는 우리에게 이렇게 말하는 것 같습니다. "참된 구원을 찾는다면, 비밀 햇볕을 찾아 밀양으로 내려가라." 비밀스럽게 일하시는 하나님을 찾으라는 뜻입니다. 특별할 것이 하나도 없는 밀양, 썰렁하고 지저분하고 정리되지 않은 신애의 집, 그리고 마지막 장면에 등장하는 햇볕이 내리쬐는 하수구는 우리의 현실을 상징합니다. 하나님을 믿고 살아간다는 것은, 그렇게 초라한 현실을 대면하고 끌어안고 사랑하며 살아가는 것을 말합니다. 그렇게 할 때, 우리의 어깨에 따뜻하게 내려앉는 비밀 햇볕을 발견할 것입니다.

●● 거짓말인가?

이 영화에서 가장 인상적인 장면 중 하나는, 신애가 하나님과 투쟁하는 중에 어느 공원에서 열리고 있던 부흥 집회를 방해하는 장면입니다. 신애는 음반 가게에서 김추자의 "거짓말이야"라는 노래가 들어 있는 음반을 가지고 집회가 열리고 있는 공원으로 갑니다. 부흥 강사는 '하나님의 백성으로 살아가는 방법'에 대해 설교를 마치고는, 다같이 일어서서 두 손 높이 들고 함께 기도하자고 요청합니다. 증오심에 찬 눈빛으로 이 모습을 지켜보던 신애는 방송실로 들어가 이 음반을 틉니다. 그 순간, 스피커에서 부흥 강사의 기도 소리는 사라지고 대신 귀에 익숙한 흘러간 노래가 울려 퍼집니다.

"거짓말이야, 거짓말이야, 거짓말이야. 사랑도 거짓말, 웃음도 거짓말." 기도 중에 이 노래가 들리자, 사람들이 보이는 반응은 제각각입니다. 어떤 사람은 그냥 소음이려니 생각하고 짜증스러운 표정으로 기도를 계속합니다. 어떤 사람은 그 노랫소리에 귀가 솔깃하여 '내가 지금 믿고 있는 것이 다 거짓말이라는 뜻인가?'라고 질문하는 것처럼 보입니다.

이 장면은 믿는 사람들이 끊임없이 듣게 되는 내면의 소리를 상징

한다고 생각합니다. 우리는 숨어 계시는 것 같은 하나님을 믿고 살아갑니다. 우리가 믿는 구원은 눈에 보이지 않는 영원한 나라에서 지금 살아가면서 영원에 이르는 것입니다. 우리는 눈에 보이는 현실보다 더 분명한, '눈에 보이지 않는' 현실이 있다고 믿고 살아갑니다. 바울이 말했듯이, "우리는 믿음으로 살아가지, 보는 것으로 살아가지 아니합니다"(고후 5:7). 그런데 또 우리는 육신을 입고 물질 세계 안에서 눈에 보이는 것, 손에 만져지는 것을 누리며 살아갑니다. 또한 그 본질이 '미혹하는 자'인 악한 영은 끊임없이 우리를 속이려고 기회를 노립니다. 이런 이유로 우리 마음에서는 늘 김추자 씨의 이 노래가 들립니다. 이 노래는 마치, 하나님도 거짓말, 성경도 거짓말, 구원도 거짓말, 사랑도 거짓말, 교회도 거짓말이라는 뜻으로 들립니다

믿음이 좋아 보이는 목사님에게도, 헌신과 희생으로 단련된 장로님에게도, 기도를 많이 하시는 권사님에게도, 하나님의 은혜로 가슴이 따뜻한 집사님에게도, 얼마 전에 하나님의 사랑을 체험하여 기도할 때마다 눈물을 흘리는 초신자에게도, 그리고 이제 하나님을 믿어 볼까 저울질하고 있는 구도자에게도, 어김없이 이 노랫소리가 들립니다. 그냥 소음이겠거니 하고 무시하고 지날 때도 있지만, 때로는 귀가 솔깃해지기도 합니다. 거짓말이 아닐까? 속고 있는 것이 아닐까? 내가 믿는 것이 진짜일까? 신애의 말처럼, "눈에 보이는 것조차도 다 믿지 않는" 우리이기에 이는 어쩌면 당연한 일인지 모릅니다.

•• 테레사와 루이스

이 대목에서 두 사람이 생각납니다. 한 사람은, 얼마 전 사적인 편지들이 공개되어 화제가 되었던 캘커타의 테레사 수녀입니다. 그의 편지를 묶은 책 「오셔서 빛이 되소서」(Mother Teresa: Come Be My Light)를 보면, 숨어 계시는 하나님에 대한 그의 강렬한 믿음을 읽을 수 있는 한편, 하나님에 대한 회의와 번민을 읽을 수 있습니다. 그중 한 편지에서 테레사 수녀는 이렇게 고백합니다.

이제, 신부님, 49세 혹은 50세쯤부터 이 고통스러운 상실감, 말할 수 없는 이 어둠, 이 고독감, 하나님께 대한 이 지속적인 갈망, 이것이 제 마음 깊은 곳에 아픔을 주어 왔습니다. 어둠이란 제가 진실로 아무것도 보지 못한다는 것입니다. 제 마음으로도, 제 이성으로도. 제 영혼에 하나님이 계셔야 할 자리는 비어 있습니다. 제 안에는 하나님이 계시지 않습니다. 갈망으로 인한 고통은 그렇게도 깊은데, 저는 그저 바라고 또 바랄 뿐, 그것이 제가 느끼는 전부이고, 그분은 저를 원하시지 않습니다. 그분은 그곳에 계시지 않습니다. 하나님은 저를 원하시지 않습니다. 저는 자주, 제 마음이 '내 하나님' 하고 부르짖는 소리를 듣습니다만, 아무 응답도 오지 않습니다. 제가 말로 묘사할 수 없는 고문과 고통만이….

또 한 사람은 20세기 기독교 최고의 변증가로 불리는 C. S. 루이스입니다. 그는 오래도록 신봉하던 무신론을 청산하고 예수 그리스도를 믿은 뒤 「순전한 기독교」(Mere Christianity, 홍성사 역간)라는 고전을 비롯하여 심오한 글을 많이 남겼습니다. 독신으로 살던 루이스는 늦은 나이에 조이(Joy)라는 여인을 만나 사랑에 빠집니다. 루이스를 만나기 전부터 조이는 암으로 투병중이었는데, 그럼에도 불구하고 루이스는 결혼을 감행하고, 예상과는 달리 몇 년 간 행복하게 삽니다.

하나님의 사랑을 굳게 믿었던 루이스는 아내를 치료해 달라고 하나님께 간절하게 기도합니다. 하지만 그는, 자신으로서는 손을 써 볼 수도 없는 지독한 고통 속에 아내가 죽어가는 모습을 속수무책으로 지켜보아야 했습니다. 그렇게 아내를 보내고 난 후, 그는 「헤아려 본 슬픔」(A Grief Observed, 홍성사 역간)이라는 책을 썼습니다. 그 책에서 루이스는 한동안 자신을 짓눌러 온 의문을 이렇게 술회합니다.

그런데 하나님은 어디 계시는가?…다른 모든 도움이 헛되고 절박하여 하나님께 다가가면 무엇을 얻는가? 면전에서 꽝 하고 닫히는 문, 안에서 빗장을 지르고 또 지르는 소리. 그러고 나서는, 침묵. 돌아서는 게 더 낫다. 오래 기다릴수록 침묵만 뼈저리게 느낄 뿐. 창문에는 불빛 한 점 없다. 빈 집인지도 모른다. 누가 살고 있기나 했던가? 한때는 그렇게 보였다. 그때는 꼭 누가 있는 것처럼 보였으나 지금은 정말로 빈 집 같다. 지금 그분의 부재는 무엇을 의미하는가? 왜 그분은 우리가 번성할 때는 사령관처럼 군림하시다가 환난의 때에는 이토록 도움 주시는 데 인색한 것인가?

•• 없는 것처럼 계시는 하나님

20세기의 성자라고 추앙받던 캘커타의 테레사도, 20세기 최고의 기독교 변증가로 꼽히는 루이스도, 때때로 내면에서 "거짓말이야"라는 노래를 들었다는 뜻입니다. 물론, 그분들은 하나님의 임재를 손으로 만지는 것처럼 분명하게 경험하며 살 때가 더 많았습니다. 하지만 때때로 그렇게도 분명하게 보이던 하나님이 없는 것처럼 느끼기도 했습니다.

이처럼, 하나님을 믿는 혹은 믿기 원하는 사람들의 마음에는 항상 이 노래가 들리게 마련입니다. 때로는 크게, 때로는 작게! 그것은 우리의 믿음이 부족하기 때문이 아니라, 우리 인간의 조건 때문입니다. 영이신 하나님이 육신을 입고 살아가는 우리 인간에게는 '숨어 계시는 분'으로 보이기 때문입니다. '비밀 햇볕'처럼 보이기 때문입니다. 부정하자고 마음 먹으면 얼마든지 부정할 수 있는 것이 비밀 햇볕이요, 숨어 계신 하나님입니다.

그러나 과연 비밀스럽다고 하여 햇볕이 존재하지 않는다고 할 수 있을까요? 캄캄한 밤이라 하여 "해가 없다"고 말할 수 있습니까? 과학자들에 의하면, 캄캄한 밤에도 햇빛은 우리를 감싸고 있습니다. 다만, 우리 눈에 보이지 않을 뿐입니다. 마찬가지로, 숨어 계시는 것처럼 보인다고 해서, 하나님이 존재하지 않는다고 단정할 수 있을까요?

이와 관련하여 생각해 볼 영화의 장면이 하나 더 있습니다. 신애가 생리통 때문에 약국을 찾는 장면입니다. 약국의 김 집사는 신애에게 진

통제를 건네주면서, 상가에 있는 개척교회에서 열리는 '상처받은 영혼을 위한 기도회'에 참석해 보라고 권고합니다. 신애는 잠시 김 집사를 노려보더니, 하나님이 계시고, 하나님의 사랑이 그렇게 크시다면, 왜 자신의 아들을 비참하게 죽도록 내버려 두었느냐고 묻습니다. 김 집사는 세상 모든 일에 주님의 뜻이 담겨 있다는 것을 설명하기 위해 햇빛이 깃드는 약국 구석을 가리키며, "저 햇빛 한 조각에도 우리 주님의 뜻이 있어예"라고 말합니다. 그러자 신애가 그곳으로 걸어가서 대답합니다. "여기 뭐가 있어요? 그냥 햇빛이에요, 햇빛. 뭐가 있어요? 아무것도 없어요."

그곳에 햇볕이 내리쬐고 있는데, 신애는 아무것도 없다고 말합니다. 그가 그 동안 그토록 갈망해 왔던 비밀 햇볕이 그곳에 있는데, 아무것도 없다는 것입니다. 햇볕은 이렇듯 알아차리기 어려운 존재입니다. 햇볕을 온 몸으로 받고 있으면서도 "아무것도 없다"고 주장할 때, 그 사람을 설득할 방도가 마땅치 않습니다.

하나님도 마찬가지입니다. 예수님은 산상설교에서 이렇게 말씀하셨습니다. "아버지께서는, 악한 사람에게나 선한 사람에게나 똑같이 해를 떠오르게 하시고, 의로운 사람에게나 불의한 사람에게나 똑같이 비를 주신다"(마 5:45). 비밀 햇볕과 같은 하나님은 이 세상의 모든 사람들, 아니, 모든 생명과 모든 존재들을 감싸시며 비추어 주십니다. 그런데 하나님의 빛을 온 몸으로 받으며 살아가면서도, "아무것도 없다. 어떻게 하나님이 존재한다고 말하느냐? 아무런 증거도 없다"고 주장하는 사람들이 많습니다. 그렇게 믿고 주장하는 사람들을 설득할 마땅한 방도가 없습니다. 다만, 그들도 신애처럼 거울 앞에 앉아 따사로운 하나님의 햇볕을 느낄 수 있는 때가 오기를 기도할 따름입니다.

•• 수정해야 할 하나님 상

우리는 그 동안 어떤 하나님을 믿어 왔습니까? 지난 세월 우리 한국 교회는 너무나도 일방적으로 강한 하나님, 드러난 하나님, 찬란하게 빛나는 하나님, 무슨 일이든 단번에 해치우시는 하나님, 강력하고 신속한 하나님을 믿어 왔고 또한 그런 하나님을 선전해 온 것이 사실입니다. 오늘날 한국 교회가 빚어내고 있는 수치스러운 문제들은 대부분 이 왜곡된 하나님 상에 뿌리를 두고 있습니다. 한국 교회가 독선적이며 일방적이고 무례하며 오만하다고 비판받는 이유도, 그 뿌리로 거슬러 올라가면 왜곡된 하나님 상 때문이라 할 수 있습니다. 누군가 "그 사람의 신관이 그 사람의 사고 방식과 행동을 결정한다"고 말한 적이 있습니다. 정확한 지적입니다. 오늘날 우리 한국 교회의 부끄러운 모습을 고치기 위해서는 무엇보다 먼저 왜곡된 하나님 상을 고쳐야 합니다. 예수님이 우리에게 계시하신 그 하나님 상으로 돌아가야 합니다.

그러므로 예수님이 드러내신 그 하나님, 숨어 계신 하나님, 낮은 데로 임하시는 하나님, 잡으려 해도 잡히지 않으나 조용히 머물러 있으면 우리의 존재를 감싸시는 하나님, 우리를 환각과 환상 속으로 도피하게 하시는 하나님이 아니라 현실 안으로 들어가 대면하고 끌어안아 그 현실을 바꾸게 하시는 하나님, 그런 하나님을 더 깊이 생각해야 하겠습니다. 때로 의문도 생기고 의심도 생기지만, 보이는 것이 아니라 믿는 것으로 살아가기 위해 힘써야 하겠습니다. 숨어 계신 듯 보이는 그 하나님의 비밀스러운 햇볕이 우리의 어깨 위에 내리쬐고 있습니다. 그분께 우리 삶을 맡기고 우리의 현실을 끌어안고 살아가야 하겠습니다. 분명, 그 비밀 햇볕은 우리의 삶을, 밑으로부터, 속에서부터, 표나지 않게, 조금씩 그러나 틀림없이, 바꾸어 줄 것입니다. 그리고 이러한 은밀한 변화가 한국 교회의 갱신으로 이어질 것입니다. 그것 밖에는 희망이 없어 보입니다.

혹시 독자 여러분 중, 아직도 예수 그리스도께서 계시하신 이 하나님을 믿기 주저하는 분이 계신지요? 당신도 신애처럼, 하나님의 비밀스러운 은총을 힘입어 오늘까지 살아 왔으면서도, "아무것도 없다. 신 같은 것은 존재하지 않는다. 다 거짓말이다"라고 생각하실지 모르겠습니다. 당신이 보기에는 하나님을 믿는 사람들이 다 속고 있는 것처럼 보이겠지만, 정말 속고 있는 사람은 누구인지, 한번 깊이 생각해 보시기 바랍니다. 하나님은 햇볕처럼 너무나도 우리와 가까이 계시기에 없는 듯 보이고, 늘 우리와 함께하시기에 안 계신 듯 느껴질 뿐입니다. 신애처럼, 거울 앞에 앉아, 문득 은밀하게 어깨 위로 내리쬐는 햇볕의 온기를 느끼고, 하늘을 향해 고개를 올려 태양의 존재에 눈을 뜨는 은총의 순간이 당신에게도 찾아오기를 기도합니다.

기도

숨어 계시는 하나님,

낮은 곳에 임하시는 하나님,

알 수 없는 방식으로 우리 존재를 내리쬐고 계신 하나님,

저희 존재를 주님 앞에 엽니다.

저희도 조용히 거울 앞에 서게 도와주소서.

저희도 조용히 머물러 앉아 주님을 기다리게 도와주소서.

거짓말 같은 하나님을 믿고 살아감으로

거짓말 같은 평화와 기쁨을 누리게 하소서.

거짓말처럼 들리는 믿음의 길을 완주하여

진짜같아 보였던 모든 것이 소멸할 때

거짓말같아 보였던 영원을 발견하게 하시고

또한 누리게 하소서.

예수님의 이름으로 기도합니다.

아멘.

◎ **토의를 위한 질문**

❶ 하나님의 존재에 대한 자신의 체험이나 믿음을 나누어 보십시오. 하나님의 존재가 확실해 보일 때는 언제이며, 그렇지 않을 때는 언제입니까?

❷ 하나님을 믿는 과정에서 누구나 겪게 되는 그분의 존재에 대한 의심을,

영성가들은 '영혼의 밤'이라고 불렀습니다. 어떻게 하면 이런 '영혼의 밤'을 잘 통과할 수 있을까요?

❸ 하나님의 존재를 믿을 수 없다고 말하는 사람에게 당신은 어떻게 답하겠습니까?

❹ "우리는 믿음으로 살지, 보이는 것으로 살지 아니합니다"라는 바울의 고백을 생각해 보고 의견을 나누어 보십시오.

2장
값을 지불하라—용서

•• 값싼 용서?

이 영화는 한국의 몇 안 되는 구도적 소설가 이청준의 단편「벌레이야기」에 기초하고 있습니다. 소설가 출신의 이창동 감독이 이 소설을 그 나름의 새로운 이야기로 각색했습니다. 원래 이청준 씨는「벌레이야기」에서, 기독교가 말하는 '값싼 용서'를 비판하려 했다고 합니다. 자신의 잘못으로 인해 상처받은 사람들은 어두운 하늘 아래 신음하고 있는데, 잘못을 저지른 사람은 하나님께로부터 용서를 받았다고 말하면서 맑은 하늘을 즐기는 것에 대해 이의를 제기한 것이라고 합니다. 이창동 감독은 소설의 이야기 틀을 많이 바꾸었지만, 이 주제는 그대로 사용하고 있습니다.

신애와 박도섭이 마주하는 교도소 면회 장면은 진정한 용서가 무엇인지에 대해 많은 생각을 하게 만들어 줍니다.

면회실 장면

면회실 문을 열고 박도섭이 들어옵니다. 그는 신애를 보고 약간 놀라는 표정을 짓고는 면회실 의자에 앉습니다. 신애는 복잡한 표정을 짓다가 말문을 엽니다.

신애   얼굴이 좋네요, 생각보다.
박도섭 죄송합니다.
신애   아니에요. 건강해야지요. 아무리 큰 죄를 지은 죄인이래도 하나님은 건강을 주시잖아요.

도섭은 의아스러운 듯, 놀랍다는 듯, 신애를 잠시 바라봅니다. 신애가 안개꽃으로 만든 꽃다발을 보이며 말을 잇습니다.

신애   이 꽃…오다가 길가에 핀 걸 꺾어 왔어요. 이 안에선 꽃 보기 힘들잖아요. 예쁘죠? 이 예쁜 꽃도 하나님이 우리한테 주시는 선물이에요. 내가 오늘 여기 찾아온 건요… 하나님 은혜와 사랑을 전해 주러 왔어요. 나도 전에는 몰랐어요. 하나님 계시다는 것도 절대 안 믿었어요. 내 눈에 안 보이니까 안 믿었지요. 그런데 우리 준이 때문에…

도섭은 말 없이 고개를 숙인 채 눈길을 아래로 향하고, 신애는 한숨을 쉬고는 말을 잇습니다.

신애   하나님 사랑을 알고 비로소 마음의 평화를 얻고 새 생명을 얻었어요. 그분의 사랑과 은혜를 느낄 수 있다는 게 얼마나 감사하고 행복한지 몰라요. 그래서 내가 이곳에 찾아온 거예요…. 그분의 사랑을 전해 주기 위해서요.

그런데 신애의 말이 끝나기 무섭게 도섭이 이렇게 답합니다.

박도섭 고맙습니다. 정말로 고맙습니다. 준이 어머니한테 우리 하나님 아버지 이야기를 듣게 되니… 참말로 감사합니다.

신애의 얼굴이 갑자기 굳어집니다.

박도섭 저도 믿음을 가지게 되었거든예. 여, 교도소에 들어온 뒤로… 하나님을 가슴에 받아들이게 됐습니다. 하나님이 이 죄 많은 인간한테 찾아와 주신 거지예.

신애는 표정이 일그러진 채, 감정을 참아가며 입을 엽니다.

신애 그래요? 하나님을 알게 되었다니 다행이네요.
박도섭 예, 얼마나 감사한 일입니까? 하나님이 저한테, 이 죄 많은 놈한테 손 내밀어 주시고, 그 앞에 엎드리가 지은 죄를 회개하도록 하고, 제 죄를 용서해 주셨습니다.
신애 하나님이… 죄를 용서해 주셨다고요?

순간, 신애의 눈에서 증오의 빛이 발산되어 나옵니다. 도섭은 편안한 표정으로 말을 잇습니다.

박도섭 예! 눈물로 회개하고 용서받았습니다. 그리고 나서부터 마음의 평화를 얻었습니다. 아침에 일어나자마자 기도하고, 하루하루가 얼마나 감사한지 모릅니다. 하나님한테 회개하고 용서받으니 이래 편합니다, 내 마음이.

신애 ….

박도섭 요새는 기도로 눈 뜨고 기도로 눈 감습니다. 준이 어머니를 위해서도 항상 기도합니다. 죽을 때까지 할 겁니다. 그런데 앉아 이래 직접 만나고 보니, 하나님이 역시 제 기도를 들어 주시는 것 같습니다.

이 장면을 맨 처음 보았을 때, 저는 이유를 알 수 없는 수치심 같은 것을 느꼈습니다. 마치, 숨기고 싶었던 기독교의 치부를 들킨 것처럼, 얼굴이 화끈거렸습니다. 박도섭과 신애, 두 사람 모두 하나님의 이름을 들먹이면서 용서와 사랑과 은혜를 말하지만, 그 모든 말이 가식처럼 들렸기 때문입니다.

그것이 단지 그들만의 문제라면 부끄러울 일이 없을 것입니다. 하지만 신애와 박도섭이 연출한 장면은 교회와 기독교인들 사이에서 너무도 쉽게 볼 수 있습니다. 이 영화는 기독교를 비판할 의도를 완전히 배제한 채, 있는 그대로의 기독교의 모습을 그리려 했다고 하는데, 바로 그렇기 때문에 이 영화에 반영된 우리의 초상이 우리 자신을 더욱 낯뜨겁게 만듭니다.

•• 모든 죄는 가장 먼저 하나님께 짓는 것이다

박도섭이 신애에게 고백한 내용이나 그의 표정과 행동으로 보아, 그가 뭔가 초월적인 영적 사건을 경험한 것이 사실일지도 모른다는 생각이 듭니다. 사실, 박도섭이 신애에게, 자신이 지은 죄를 하나님께로부터 용서받았다고 말하는 데에는, 아무 문제가 없습니다. 오히려 그것은 죄의 본질을 잘 보여 주는 대목이라 할 수 있습니다. 우리가 짓는 모든 죄는 무엇보다도 먼저 하나님께 짓는 것이기 때문에 하나님께로부터 먼저 용서를 받아야 합니다.

예를 들어 봅시다. 자식들이 서로 싸워 한 아이가 상처를 입었다면, 상처 입은 자식보다 부모의 마음이 더 아픈 법 아닙니까? 그러므로 형제에게 상처를 입힌 사람은 상처 입은 그 형제에게도 사과해야 하지만, 부모에게도 용서를 빌어야 합니다. 마찬가지로, 하나님은 믿는 사람이든 믿지 않는 사람이든, 모든 인간을 자식처럼 사랑하십니다. 그러므로 내가 누군가에게 아픔을 주었으면, 믿는 사람이든 믿지 않는 사람이든, 그 사람에게도 용서를 빌어야 하지만, 또한 하나님께도 용서를 빌어야 합니다.

시편 51편은 이스라엘의 왕 다윗이 지은 회개 시편으로 잘 알려져 있습니다. 다윗은 전성기에 생애 가장 수치스럽고 악한 죄를 저질렀습니다. 자신의 충성스러운 장수 우리야의 아내를 범하고, 뒷탈을 없애기 위해 우리야를 불리한 전쟁에 내보내 죽게 한 것입니다. 다윗은 완전

범죄를 노렸지만, 예언자 나단이 찾아와 죄를 고발합니다. 대이스라엘의 왕 다윗은 무력한 한 예언자 앞에서 자신의 죄를 인정하고 회개합니다. 시편 51편에서 다윗은 이렇게 고백합니다.

> 나의 반역을 내가 잘 알고 있으며,
> 내가 지은 죄가 언제나 나를 고발합니다.
> 주님께만,
> 오직 주님께만 나는 죄를 지었습니다.
> 주님의 눈 앞에서,
> 내가 악한 짓을 저질렀으니,
> 주님의 판결은 옳으시며
> 주님의 심판은 정당합니다(3-4절).

우리야와 그의 아내 그리고 그 가족들에게 씻을 수 없는 죄를 지었음을 깨달은 다윗은 맨 먼저 하나님 앞에 무릎을 꿇었습니다. 우리야와 밧세바 그리고 그들을 사랑한 모든 사람을 지극히 아끼시는 하나님 앞에서, 그들에게 치유하기 힘든 상처를 준 것에 대해, 하나님이 주신 권력을 오용한 것에 대해, 그리고 하나님이 자신에게 두셨던 신뢰를 배반한 것에 대해, 통곡하며 회개했습니다. 그리고 하나님께로부터 용서를 받았습니다.

•• 값비싼 회개, 값비싼 용서

　이런 시각에서 보면, 박도섭이 하나님 앞에서 눈물로 회개하고 용서받았다고 고백한 대목에는 아무 문제가 없습니다. 마땅히 그래야 합니다. 믿는 사람들은 자신이 다른 사람에게 한 모든 잘못이 가장 우선적으로 하나님께 행한 잘못임을 잊지 말아야 합니다. 그러므로 용서를 받을 때도 가장 우선적으로 하나님께 용서를 받아야 합니다. 하나님 앞에 서지 않고는 자신의 잘못을 제대로 알기도, 진실하게 인정하기도 어렵기 때문입니다. 하나님 앞에서 눈물로 통회 자복하고 용서를 받고 나면, 자신이 상처를 준 그 사람 앞에 가서 잘못을 시인하고 처분을 기다릴 수 있는 용기를 얻게 됩니다. 하나님의 용서를 받았으므로, 당사자를 대면하고 그의 상처를 치유하는 데 필요한 모든 희생과 손실을 감당할 수 있는 용기와 능력이 생깁니다.
　어느 무신론자 철학자가 죽으면서 이렇게 말했다고 합니다. "내가 당신들 기독교인들에게 부러운 것이 한 가지 있습니다. 당신들에게는 용서하실 분이 계시다는 것입니다. 나에게는 용서해 줄 사람이 없습니다." 우리를 용서해 주실 분이 계시다는 것은 얼마나 행복한 일인지 모릅니다. 이 세상 모든 사람들이 내게 손가락질하는 것 같을 때, 세상 모든 사람들이 내게 등을 돌리는 것처럼 느껴질 때, 찾아가 기댈 언덕이 있다는 것은 얼마나 감사한 일인지 모릅니다. 우리의 기댈 언덕이 되시는 하나님이 품어 주시고 씻어 주시며 새롭게 해주시는 은혜가 얼마나 귀한지 모릅니다. 그 은혜밖에는, 죄의 굴레에서 우리를 구원할 다른 힘은 없습니다.

어떤 사람들은 이것을 '값싼 용서'라고 비판합니다. 아무리 큰 죄를 지었다 해도, 회개 기도만 하면 조건 없이 용서를 받는다니, 이처럼 값싸고 형편 없는 것이 어디 있느냐고 묻습니다. 저도 한때, 이 용서의 교리에 대해 매우 큰 어려움을 겪었습니다. 제게는 십자가가 마치 '용서 자판기'처럼 보이던 때가 있었습니다. 십자가에 '회개'라는 동전을 넣으면, 털컥 하고 '용서'가 나오는 것처럼 느꼈습니다. 그것이 마음에서 수긍이 되지 않았습니다. 하지만 교회에서는 그냥 무조건 믿으라고 가르쳤습니다. 그래서 저도 그냥 믿고, '회개'라는 동전을 넣고 '용서'라는 물건을 손에 쥐곤 했습니다. 그렇게 받아 든 용서는, 마치 싸구려 자판기 커피처럼, 값싼 위로를 제공하고는 얼마 후 잊혀지곤 했습니다.

그러다가 언젠가, 제 자신의 죄에 대해 완전히 무너져 내리고, 며칠 동안 금식하며 십자가 밑에서 기도로 지내며 눈물의 나날을 보낸 다음에야, 비로소 회개와 용서의 진리를 몸으로 깨닫게 되었습니다. 제가 하나님께 드려야 하는 것은 천 원짜리 지폐처럼 값싼, '입술만의 회개'가 아니라, 온 몸으로 떨고 마음이 갈기갈기 찢겨지는 참된 회개임을 깨달았습니다. 십자가에서 하나님이 주시는 용서는 싸구려 자판기 커피처럼 잠시 잠깐 위안을 주는 것이 아니라, 하나님과의 깊은 교제를 회복시켜 주며, 마음 깊은 곳에 있는 숨겨진 상처까지도 치유하는 엄청난 능력임을 깨달았습니다. 그리고 저는 그제서야 비로소, 우리의 죄에 대해 우리가 치러야 할 값을, 하나님이 예수 그리스도를 통해 이미 치러 주셨음을 깨달았습니다.

자기 죄 때문에 온 몸으로 떨고 마음의 찢김을 경험해 본 사람은 누구든지 증언할 수 있을 것입니다. 자기 잘못에 대해 진실로 통곡하고 마음을 찢는 것이 얼마나 큰 값을 치르는 것인지를 말입니다. 거짓된 회개, 습관적인 회개, 교리적인 회개는 값싸고 쉬운 일이지만, 진정한 회개는 값비싼 것입니다. 하나님이 예수 그리스도를 통해 십자가에서 치르신 그 값비싼 대가에 의지하여 치르는, 아주 값비싼 대가입니다. 그러므로 하나님께 나아가 '진실로' 회개하고 하나님께로부터 '참된' 용서를 받는 일은 결코 값싼 것이 아닙니다. 값비싼 은총입니다.

•• 진실로 회개한 사람이라면

박도섭은 진실로 회개했을까요? 그가 받았다는 용서는 하나님께로부터 받은 참된 용서일까요? 확인할 길은 없습니다만, 신애에게 하나님의 용서의 은혜를 고백하는 박도섭의 태도를 보면, 그렇지 않은 듯하지 않습니까? 신애를 대하는 그의 태도가 뻔뻔해 보이지 않습니까? 박도섭은 신애 앞에서 차마 얼굴을 들지 못한 채 눈물 콧물을 쏟으며 잘못을 빌었어야 하지 않았을까요? 그가 받은 하나님의 용서의 은혜가 진짜였다면 더욱더 그렇게 했어야 마땅하지 않을까요? 그가 신애를 만나기 전에 감옥에서 얼마나 통회하며 회개했는지 모르지만, 그토록 큰 아픔을 준 당사자를 처음 만난 자리에서 그는 다시 한 번 심하게 무너져야 하지 않았을까요?

앞에서, 하나님께 용서를 받고 나면, 자신의 죄로 인해 상처를 받은 사람을 대면할 용기를 얻게 된다고 말한 바 있습니다. 이 말은 하나님께로부터 용서를 받은 사람이 피해를 입은 당사자 앞에서 뻔뻔하게 행동하게 된다는 뜻이 아닙니다. 하나님의 참된 용서를 받은 사람들은 다른 사람들로부터 받게 될 형벌을 더 이상 두려워하지 않게 되며, 그렇기 때문에 모든 것을 내려놓고, "어떤 벌도 달게 받겠습니다. 제 죄로 인한 상처가 치유되는 일이라면 무엇이든 하겠습니다"라는 담대한 마음을 얻게 된다는 뜻입니다. 그렇게 담대한 마음을 얻는 한편, 그들은 더욱 여린 마음을 품게 됩니다. 그래서 자신의 죄로 인해 사람들이 받았을 상처에 더욱 예민해지고 더욱 가슴 아파하게 됩니다.

시편 51편 4절에서 "주님께만, 오직 주님께만, 나는 죄를 지었습니다"라고 다윗이 고백한 것을 오해하면 안 됩니다. 그것은 "나는 주님 외에는 누구에게도 책임이 없습니다"라는 뜻이 아닙니다. 자신의 죄가 누구보다도 먼저 하나님께 지은 죄라는 사실을 강조하는 표현일 뿐입니다. 하나님 앞에서 진실하게 회개한 사람은 자신이 다른 사람에게 준 아픔을 더 예민하게 느끼는 법입니다. 하나님께로부터 용서를 받은 후, 다윗은 자신의 죄로 인해 상처받은 사람들에게 용서를 빌고, 할 수 있는 대로 그들의 상처를 회복시키기 위해 힘썼을 것입니다.

다시 영화로 돌아갑니다. 신애는 교도소를 찾아가기 얼마 전, 운전하다가 한눈을 파는 바람에 지나가는 행인을 칠 뻔합니다. 길을 건너다가 사고를 당할 뻔한 부부는 화가 나서 신애의 차로 다가옵니다. 신애는 차창을 내리면서 미안하다고 정중히 사과를 하는데도, 다짜고짜 남편이 따집니다. "아니, 무슨 운전을 그따우로 합니까?…운전을 하려면 똑바로 해야죠." 연신 고개를 숙이며 사과하는 신애에게 옆에 있던 부인이 거듭니다. "미안하면 답니까? 사람 죽여 놓고도 미안하다는 말만 하면 답니까?" 이 말을 들은 신애는 할 말을 잃고 여자를 노려보고, 부인은 물러서며 일갈합니다. "보기는 뭘 보노?"

그리고 몇 장면 뒤, 우리는 박도섭이 "사람 죽여 놓고도 미안하다는 말로 때우는" 것 같은 장면을 보게 됩니다. 이 장면을 보면서 우리는 신애를 대신하여 분노를 느낍니다. 하나님의 은혜와 사랑으로 위장한 그 무책임한 사과로 인해 분노하는 것입니다. 마음의 준비도 없이 용서를 시도하는 신애는 안쓰러워 보이지만, 하나님의 이름을 들먹이며 용서를 말하는 박도섭은 가증스럽게 느껴집니다. 파렴치해 보일 정도입니다.

기독교 복음을 잘못 표현하면 믿지 않는 사람들에게 이렇게 가증스럽게 비쳐질 수 있다는 사실을 우리는 심각하게 자각해야 합니다. 그러므로 우리는 함부로 기독교 복음의 대변자인 양 자처하지 말아야 하겠습니다. 소위 믿음 있다는 사람들, 기도 많이 한다는 사람들, 직분 높다는 사람들, 열심이 특심하다고 스스로 생각하는 분들은 더욱 자중해야 하겠습니다. 그런 사람들이 생각 없이 하는 말과 행동으로 인해 기독교가 얼마나 오해받고 지탄받고 있는지요! 차라리 '하나님'이라는 말을

입에 올리지 말았으면 좋겠습니다. 차라리 그리스도인이라는 사실을
내세우지 말았으면 좋겠습니다.

●● 진정한 회개가 이루어지려면

  기독교가 성경에 바탕하여 가르쳐 온 용서는 그렇게 값싼 것도, 무
책임한 것도 아닙니다. 정통 기독교 신학에서는 온전한 용서가 되기 위
해서는 세 가지 요소가 필요하다고 가르칩니다. 그것을 회개의 3R이라
고 부르는데, 첫째가 회개(Repentance), 둘째가 보상(Restitution), 셋째
가 개혁(Reformation)입니다. 하나님 앞에서 눈물로 자신의 잘못을 뉘
우치는 것이 회개이며, 자신이 끼친 잘못에 대해 어떻게든 갚는 것이
보상이고, 다시는 그런 잘못을 하지 않도록 자신을 고치는 것이 개혁입
니다. 이 세 가지를 갖추어야 온전한 회개가 됩니다.

  박도섭이 신애를 만나기 전 진정으로 회개했다면, 그는 보상에 대
해 고민해야 했을 것입니다. 물론, 박도섭으로서는 하고 싶어도 보상할
방도가 없습니다. 자신의 손으로 죽인 아이를 살려 낼 수 없기 때문입
니다. 하지만 다른 방도로라도 그는 신애의 상처를 치유하기 위해 노력
했어야 했습니다.

  면회를 끝내고 나오면서 종찬은, 박도섭의 얼굴이 죄인 치고는 너
무 좋아 보인다고 감탄합니다. 그걸 보니, 과연 하나님은 살아 계시고,
정말 하나님이 무서운 분이라고 말합니다. 하지만 바로 그것이, 박도섭

이 받았다는 하나님의 용서가 가짜였음을 증명합니다. 그가 받은 은혜가 참으로 하나님께로부터 온 것이라면, 그의 얼굴이 그렇게 좋아서는 안 됩니다. 비록 하나님께로부터 용서를 받아서 마음에 평화를 얻었다 하더라도, 자신의 죄로 인해 그 가족이 받았을 고통을 생각하고 함께 아파해야 했습니다. 그것이 그가 신애에게 할 수 있는 최소한의 보상입니다. 신애가 찾아왔을 때, 그는 수척한 모습으로 나타나 비통하게 무너졌어야 했습니다. 울어서 되는 거라면 백 번, 천 번이라도 울었어야 마땅합니다. 박도섭은 죽을 때까지 신애를 위해 기도하겠다고 고백했지만, 그것은 마치 신애에게 자비를 베풀겠다는 말처럼 들리지, 회개하는 말처럼 들리지 않습니다.

이 대목에 다다르니, 제가 아는 어느 장로님 생각이 납니다. 그분이 어느 날 교통 사고를 내어 초등학교 학생을 다치게 했습니다. 그분으로서는 보험 처리를 하고, 한 가족에게 상처를 준 것에 대해 하나님께 진실하게 회개하고, 최소한의 도리를 다하면 되는 일이었습니다. 사람들은 이런 일이 일어나면 될 수 있는 대로 손해를 덜 보기 위해서, 법적으로 꼭 해야만 하는 일만 최소한으로 하려 합니다. 그분도 그렇게 할 수 있었습니다. 그런데 그 장로님은 아이가 퇴원할 때까지 거의 매일, 퇴근하는 길에 병원에 들러 위로하고, 매일 새벽기도회에 나와 그 아이와 가족을 위해 기도했습니다.

이것이 우리 믿는 사람들이 해야 할 보상입니다. 저는 그 장로님이 모든 면에서 완벽한 분이라고 말하려는 것이 아닙니다. 하지만 적어도

이 한 가지 사건에서 그 장로님은 참되게 회개했고, 하나님의 용서를 받은 사람답게 행동했습니다. 장로님과 사고를 당한 가족은 그 과정에서 깊은 정이 들었고, 그 가족은 장로님의 정성에 감동하여, 전도 한 마디 하지 않았는데, 스스로 교회를 찾아 나오게 되었습니다.

•• 내 속에 깨끗한 마음을 창조하소서

회개의 세 번째 요소 즉 개혁에 대해 잠시 생각해 봅니다. 자신의 죄를 진실로 인정하고 회개하며 하나님이 주시는 용서를 받고 그 능력으로 상처 입은 사람들을 위해 최선을 다해 노력하는 사람이라면 할 일이 하나 더 있는데, 바로 자신을 고치는 일입니다. 때때로 우리는 천벌을 받을 것 같은 죄책감을 느끼다가, 하나님의 용서하시는 은혜를 입고 나면 그분의 은혜를 간증하고 찬양하기에 바쁩니다. 그런데 다시는 그런 잘못을 저지르지 않도록 힘쓰는 일에는 게으릅니다. 아니, 그런 차원에 대해서는 전혀 의식이 없는 사람들도 많습니다. 참된 회개는 자신을 돌아보고 하나님의 은총을 입어 새로워지는 것으로 마무리해야 하는데도 말입니다.

이런 점에서 오늘 읽은 다윗의 회개 시편은 참으로 귀합니다. 그는 회개의 기도를 올리면서, 자신의 죄를 씻어 달라고 기도할 뿐 아니라, 자신을 새롭게 해 달라고 기도합니다. 10절부터 12절에 나오는 기도에서 다윗의 간절한 바람을 읽을 수 있습니다.

아, 하나님,
내 속에 깨끗한 마음을 창조하여 주시고
내 속을 견고한 심령으로 새롭게 하여 주십시오.
주님 앞에서 나를 쫓아내지 마시며,
주님의 성령을 나에게서 거두어 가지 말아 주십시오.
주님께서 베푸시는 구원의 기쁨을 내게 회복시켜 주시고,
내가 지탱할 수 있도록
내게 자발적인 마음을 주십시오.

다윗은, 자신을 고치는 일은 스스로 노력해서 될 일이 아님을 분명히 알았습니다. 하나님이 깨끗한 마음을 창조해 주시고 그의 속을 견고한 심령으로 새롭게 해주시지 않는 한, 그에게는 희망이 없음을 알았습니다. 그래서 하나님께 간구합니다. 다시는 그런 잘못에 빠지지 않도록, 자신을 새롭게 해 달라고 말입니다.

십자가는 '용서 자판기'가 아닙니다. 동일한 잘못을 지속적으로 반복하며, 그 때마다 회개라는 동전을 넣어 용서라는 제품을 꺼내려 해서는 안 됩니다. 인간의 연약한 본성을 생각한다면, 똑같은 잘못을 범할 가능성이 언제든지 있지만, 우리는 하나님 앞에서 거듭 새로워지기 위해 몸부림쳐야 합니다. 십자가는 우리가 필요할 때마다 용서라는 물건을 내주는 자판기가 아니라, 죄로 물든 우리의 존재를 씻어 주며 우리를 새롭게 해주는 살아 있는 능력입니다. 십자가의 능력을 힘 입고 살

아가면, 죄를 벗어날 수 있습니다.

•• 참된 용서의 능력

사람들은 너 나 할 것 없이 모두 알게 모르게, 주변 사람들과 많은 상처를 주고받습니다. 그런데 얄궂게도 우리는 내가 입은 상처만 기억하지, 다른 사람에게 입힌 상처는 별로 기억하지 못합니다. 아니, 기억하고 싶어하지 않습니다. 하지만 부정한다고 해서 진실이 달라지지는 않습니다. 우리가 입은 상처보다 더 많은 상처, 더 깊은 상처를 주고 살아 왔을 것이 분명합니다. 지금도 여전히 그렇게 살고 있고, 앞으로도 그럴 것입니다.

이를 어찌하겠습니까? 우리가 선택할 수 있는 방안은 여러 가지가 있을 수 있습니다. 마음을 굳고 딱딱하게 만들어, 웬만한 잘못에는 무감각하게 행동하며, 나 자신의 성공과 행복만을 위해 일로매진하는 방법이 있습니다. 하지만 이러한 삶은 내 이웃만이 아니라 마침내 나 자신까지 불행하게 만듭니다. 아니면, 기독교에서 말하는 회개와 용서의 교리를 피상적으로만 받아들여, 죄책감이 들 때마다 회개의 기도를 드림으로 양심에 위로를 삼고 살아갈 수도 있습니다. 이렇게 하면, 본인에게는 위로와 평안이 될지 모르나, 실상 환각 상태에 빠진 것과 별로 다르지 않습니다. 믿지 않는 사람들은 그런 회개를 보고 역겨움을 느낄 것입니다.

우리가 선택할 유일하고도 참된 방안은 참된 회개가 무엇인지를 분명히 마음에 새기고, 성령의 은총을 힘 입어, 첫째, 참된 회개를 통해 하나님의 진정한 용서를 선물로 받고, 둘째, 그 은혜와 사랑을 힘 입어, 자신의 죄로 인해 이웃이 받은 상처를 치유하고 회복하는 일에 전심을 다하며, 셋째, 성령의 은총으로 변화를 받도록, 더욱 영적 생활에 힘쓰는 일입니다. 이렇게 살아갈 때 우리는 하나님 앞에서 진정한 자유와 행복과 평안을 누립니다. 그리고 그 은총과 축복은 우리를 환각 상태에 머물게 하는 것이 아니라, 더욱 구체적인 현실 안으로 들어가 우리가 치러야 할 값을 치르게 만들어 줄 것입니다. 그렇게 우리는 날로 새로워질 것입니다. 그때 비로소 세상은 우리의 회개와 용서를 보고 '사랑의 기적'이라고 부르는 데 동의할 것입니다.

오 주님,
저희가 그 동안 갈구하고 또한 간증했던 회개와 용서가
박도섭의 것만큼이나
무책임하고 자기 중심적이며 환각적이었음을 인정합니다.
저희를 불쌍히 여겨 주소서.
저희로 인해 주님께서 얼마나 욕을 당하셨습니까?

저희에게 자비를 베풀어 주소서.
진실한 회개와 진실한 용서의 사람이 되게 하소서.
저희의 회개와 용서로 인해
주님께서 살아 계심이 증거되게 하소서.
오, 주님,
참된 회개와 용서에서
저희를 능하게 하소서.
예수님의 이름으로 기도합니다.
아멘.

◎ **토의를 위한 질문**

❶ 값비싼 회개의 경험이 있습니까? 자신이 하나님 앞에서 용서받을 수 없는 죄인임을 자각하고 십자가의 용서의 능력을 경험해 본 일이 있습니까?

❷ 다른 사람으로부터 눈물 겨운 용서를 받아 본 일이 있다면, 나누어 보십시오.

❸ 조용히 눈을 감고, 자신이 용서해야 할 사람과 용서받아야 할 사람을 생각해 보십시오. 어느 편이 더 많습니까? 용서해야 할 사람이 더 많다면, 더 기도하며 하나님께 구하십시오. 당신이 알지 못하는, 혹은 인정하고 싶지 않은 잘못이 더 있습니다.

❹ 용서를 받아 본 사람이 용서할 수 있습니다. 용서를 받아야 할 한 사람을 택하여 참된 용서를 추구해 보십시오. 회개와 보상과 개혁의 세 차원에서 생각해 보십시오.

3장
끌어안으라—고난

•• 사랑의 하나님이시라면

2007년 온 나라를 들끓게 했던 아프가니스탄 인질 사태를 생각해 봅니다. 23명의 새벽 이슬 같은 젊은이들이 고통 속에 있는 사람들을 돕는 것을 하나님의 부름으로 여기고 아프가니스탄으로 갔다가 탈레반 무장 세력에게 인질로 잡혔습니다. 선교단을 인솔했던 배형규 목사와 심성민 형제가 순교를 당하고, 온 가족의 마음이 숯검댕이처럼 타고 나서야 석방되었습니다. 이 사건은 보는 이들에게 많은 질문을 던져 주었는데, 그 중 하나가 이런 것입니다. "하나님이 정말 사랑의 하나님이요 전능하신 분이라면, 왜 부르심을 따라 위험한 지역으로 봉사하러 간 청년들이 그 고통을 당하도록 내버려 두셨는가?" 질문은 심각하지만, 대답은 여의치 않습니다.

예수님이 드러내신 사랑의 하나님을 믿고 살아갈 때 고난 혹은 악의 주제는 참 해결하기 어려운 문제입니다. 하나님이 십자가에서 자신의 아들을 죽음에 내어 줄 정도로 인류에 대한 사랑이 크시다면, 과연 왜 이 세상에 악이 존재하며, 선하고 무고한 사람들이 고통받을까요? 영화 "밀양"은 신애의 입을 통해 이 문제를 제기합니다.

약국에서의 대화 장면

아들 준을 잃고 시름시름 앓던 신애는 생리통 때문에 약국을 찾습니다. 약국 김 집사는 신애를 반갑게 맞이합니다. 김 집사는 신애에게 약을 넘겨주면서 안타까운 표정으로 말을 건넵니다.

김 집사 원장님, 지금 원장님에게 진짜 필요한 약이 뭔 줄 알아예?
신애 ….
김 집사 원장님 지금 마음이 너무너무 아프잖아예. 얼마나 괴롭고 고통스러워요? 내가 약국에서 약을 팔지마는 그 마음의 고통은 고칠 수가 없어예. 그거를 치유할 수 있는 거는 하나님 사랑밖에 없어예. 꼭 우리 교회에 나오라는 말이 아니고. 요 시장 앞 개척교회에서 요번에 부흥회를 하는데, 내가 보니까 주제가 '상처받은 영혼을 위한 기도회'라. 다, 우리 원장님 같은 분한테 필요한 거 같애요.

신애는 굳은 표정으로 김 집사를 응시하다가 이렇게 묻습니다.

신애 만약에요…. 만약에 하나님이 계시고… 하나님의 사랑이 그렇게 크시다면요….
김 집사 하나님, 계시지예. 하나님 사랑, 크시지예. 한도 끝도 없이 크시지예!
신애 그렇다면 우리 준이가 왜 그렇게 처참하게 죽도록 내버려 두셨어요? 그 어린 것이 무슨 죄가 있다고?
김 집사 …원장님, 그래도요, 세상 모든 일에는 우리 주님의 뜻이 있다는 걸 아셔야 돼예. 아이고, 내 머라꼬 설명하겠노. 저, 저기…햇볕 한 조각에도 우리 주님의 뜻이 숨어 있어예. 세상에 주님 뜻 아닌 게 없어요.

●● 영원한 숙제

영화는 이 주제를 더 깊이 끌고 들어가지는 않습니다. 이야기가 진행되는 중에 그냥 툭 던져 놓은 셈입니다. 감독이 이 주제에 대해 어떤 입장을 드러내려고 한 것 같지는 않습니다. 신의 존재와 악의 문제를 다룬 소설이나 영화는 이미 수없이 많이 나와 있기 때문에, 감독은 이 문제를 비켜간 것 같습니다.

이 문제는 참 어렵습니다. 지난 2,000년 동안 기독교 신학의 역사에서, 수많은 천재들이 이 문제를 붙들고 씨름했습니다. 이 주제를 연구하여 박사 학위를 받은 사람의 수를 따지자면, 혹은 이 주제를 다룬 책과 연구 논문을 열거하자면, 한도 끝도 없을 것입니다. 하지만 그럼에도 불구하고, 이 문제에 관한 한, 아직 이렇다 할 명쾌한 해답이 제시된

적은 없습니다. 믿지 않는 사람들은 그 점을 내세워 기독교 신학에 결함이 있다고 목소리를 높이지만, 이 문제가 해결되지 않았음에도 불구하고 예수 그리스도 앞에 무릎꿇는 사람들은 지금도 계속 생겨나고 있습니다.

저도 그런 사람을 만난 적이 있었습니다. 그 사람은 제게, 자신은 신이 존재한다는 사실도 받아들일 수 있고, 예수 그리스도가 하나님의 계시자라는 것도 인정할 준비가 되어 있다고 했습니다. 하지만 선한 사람들이 애꿎은 고난을 당하고, 무고하게 희생되는 현실을 이해할 방도가 없어서, 아직 믿지 못하겠다고 고백했습니다. 저는 나름대로 설명하려고 노력했지만, 제 자신에게도 논리가 궁색하게 느껴졌으니, 듣는 사람은 오죽했겠습니까? 그 사람을 만난 후, 저는 기도할 밖에 다른 도리가 없다고 생각했습니다. 그런데 얼마 되지 않아 그 사람이 교회에 나오기 시작했습니다. 그 질문이 해결되어서 나온 것이 아닙니다. 의문은 아직도 남아 있지만, 그 회의감을 상쇄하고도 남을 다른 이유가 있었기 때문입니다.

사실, 이런 의혹들을 모두 해결한 다음에야 믿겠다는 말을 곧이들어서는 안 됩니다. 모든 의혹을 해결하고 나서 믿은 사람은 인류 역사에 아무도 없었으며, 그런 믿음이 존재하지도 않습니다. 신학자 폴 틸리히(Paul Tillich)는 "의문은 믿음의 일부다"라고 말한 적이 있는데, 맞는 말입니다. 모든 의문을 해결했기 때문에 믿는 것이 아니라, 많은 의문이 있음에도 불구하고 믿을 이유가 있기 때문에 믿게 됩니다. 그렇게 믿고 나면, 그 동안 그렇게도 괴롭히던 의문들이 더 이상 장애물로 보이지 않고, 기도와 묵상으로 풀어가야 할 숙제로 여겨집니다.

•• 예외 없는 법칙은 없다

현재 영미권에서 가장 신뢰받는 신학자의 한 사람인 알리스터 맥그래스(Alister McGraith)는 분자물리학 전공자 출신답게 과학 이론에 비유하여 악의 문제를 설명합니다. 한때 무신론을 신봉했던 그의 설명에 따르면 이렇습니다. 과학 이론 중 예외가 없는 이론은 존재하지 않습니다. 그런데 그 예외 현상 때문에 어떤 이론을 부정하는 것은 아주 어리석은 태도입니다. 신중한 과학자들은, 복잡하고 수수께끼 같은 현상을 가장 잘 설명하는 이론을 발견해 내면, 그 이론에서 발견되는 예외 현상을 숙제로 간주하고 연구를 지속합니다. 그러다 보면, 나중에 그 예외 현상이 해명됩니다.

그 예가 천왕성의 궤도라고 합니다. 얼마 전까지만 해도, 천왕성의 움직임은 뉴턴의 이론에 맞지 않는, 예외 현상으로 간주되었습니다. 하지만 과학자들은 그 예외 현상 때문에 뉴턴의 이론을 포기하기보다는 오히려 그 이론에 기초하여 천왕성을 계속 연구했습니다. 그 결과, 그 예외 현상을 머지 않아 해명할 수 있었습니다. 저 같은 문외한은 여기까지밖에 설명할 능력이 없습니다만, 선한 사람이 받는 고난의 문제 혹은 무고한 사람들이 당하는 악의 문제도 이와 같은 맥락에서 이해할 수 있다는 것이 알리스터 맥그래스의 생각입니다. 그는 이렇게 설명합니다.

선하고 사랑이 넘치고 인정이 많은 하나님을 믿는 사람들에게, 세상에 고통이 있다는 사실은 분명히 예외에 속한다. 적어도 심각한 긴장감을 만들지 않을까? 이것만으로도 하나님에 대한 신앙을 버리고 이와 관련된 모든 세계관을 부정하는 사람들이 있다. 그러나 그렇게 간단히 결정할 문제가 아니다. 자연과학 사상가들이 언제나 지적하듯이 몇 가지 맞지 않는 증거가 드러난다고 해서 한 이론을 완전히 버릴 수는 없다(「하나님 얼굴을 엿보다」, 복있는사람 역간, p. 114).

복잡한 세상의 경험을 이해하려는 노력에는 일반 원칙이 있다. 고통의 문제에 반드시 적용해야 하는 원칙이 있다. 고통의 실재는 기독교 세계관에 장애가 되는 것이 분명하다. 그러나 이 문제 때문에 이 세계관을 버릴 수는 없다. 처음부터 이렇게 극단적인 조치를 취하기에는 현실이 너무 불확실하고 혼란스럽다. 대신 우리는 인생 이론에는 수수께끼와 불가사의와 예외가 있음을 인식하고 문제를 더 깊이 탐구하려는 자세가 필요하다(같은 책, p. 116).

맥그래스 박사가 인정하듯, 고난과 악의 문제에 대한 명쾌한 대답이 없는 것은 분명합니다. 사실, 대답이 전혀 없는 것은 아닙니다만, 한 사람에게 명쾌해 보이는 대답이 다른 사람에게는 모순투성이로 들릴 수 있습니다. 하지만 그 사실이 기독교 신앙을 거부할 이유는 되지 못합니다. 이 문제 때문에 믿지 못하겠다고 말하는 사람들이 있지만, 만일 누군가가 그 문제를 깔끔하게 설명해 주었다고 가정합시다. 그러면 그들이 믿을까요? 필경, 또 다른 질문을 찾아낼 것입니다.

•• 로봇의 세상이 대안일까?

고난의 문제에 대한 모범 답안이 없기는 하지만, 몇 가지 나누고 싶은 생각이 있습니다. 우선, 하나님은 이 세상을 지으시고 인간을 창조하셨을 때, 인간들을 로봇처럼 원격 조종하도록 혹은 기계처럼 제 스스로 하나님의 뜻에 맞게 자동으로 움직이도록 고안하지 않으셨음을 기억할 필요가 있습니다. 만일 그렇게 하셨다면, 이 세상에는 그 어떤 죄악도 일어나지 않을 것입니다. 모든 일이 하나님의 뜻에 100% 일치했을 것입니다. 하지만 그랬다면, 인간은 로봇처럼 혹은 유전자 속에 프로그램되어 있는 메시지에 따라 무심코 움직이는 생물처럼 살았을 것입니다. 그랬더라면 우리는, 마치 말기 알츠하이머 환자처럼, 아무 생각 없이 몸에 프로그램되어 있는 대로만 움직이는 존재가 되었을 것입니다(알츠하이머 환자들을 욕되게 하려는 말은 아닙니다. 그분들에게 주님의 은총이 있기를 기도합니다). 그랬다면 악의 문제는 생기지 않았을지 모르지만, 인간성이란 존재하지 않았을 것입니다.

바로 그런 까닭에 하나님은 타락의 가능성을 감수하고 인간에게 자유의지를 부여하셨고, 그로 인해 우리 인간은 독특한 존재가 되었습니다. 하나님은 모든 인류가 자유의지를 잘 사용하여 인간다움을 누리면서, 스스로의 의지로 하나님의 뜻을 찾고 따르고 이루기를 기대하십니다. 자유의지를 선하게 활용하면 그렇게 살아갈 수 있습니다. 하지만 그 자유의지를 악용하는 사람들이 있습니다. 신애의 아들을 죽인 박도섭은 한 순간의 유혹에 넘어가 자유의지를 남용했습니다. 신애가 있어 보이려고 연극을 한 것도 자유의지를 남용한 예입니다. 자유의지를 극도로 남용하여 철저히 타락한 사람들도 생깁니다. 히틀러 같은 사람이 그 예라 할 수 있습니다. 그런 사람들은 권력을 획득하면, 그것을 다른 사람을 해치는 도구로 사용합니다. 그래서 끔찍한 일들이 자주 일어납니다.

이런 상황에서 우리는 하나님의 개입을 기대합니다. 하나님이 즉각 즉각 보응하셔서 악한 사람들의 폭행을 멈추어 주시기를 기대합니다. 도섭이 준이를 향해 뻗은 마수를 하나님이 중간에서 잡아채시기를 기대합니다. 적어도, 기도 많이 하는 내 아이만큼은 보호해 주시기를, 적어도 선교 활동 많이 하는 우리 교회만큼은 보호해 주시기를 기도합니다. 그러나 하나님은 그런 방식으로 개입하지 않으십니다. 날아오는 총알의 궤도를 바꾸고, 돌진해 오는 차를 정지시키시지 않습니다. 그것은 하나님이 우리를 창조하실 때 세워 두신 당신의 원칙을 위반하는 일입니다. 그렇게 하면 잠시 잠깐은 좋을지 몰라도, 결국 인간은 로봇으로 전락하고, 창조의 본질적인 파괴를 불러옵니다.

하나님은 로봇의 세상을 만드느니, 차라리 악한 사람들이 생겨나는 것을 감수하는 편을 택하셨다 할 수 있습니다. 이 선택 때문에 세상에는 타락과 투쟁과 살인과 배신과 전쟁과 질병과 고난과 박해가 생겨났습니다. 이런 세상에서, 아무리 선하고 믿음 좋은 사람이라도 고난을 피할 수는 없습니다. 새 하늘과 새 땅이 우리 위에 임하고, 모두가 새로운 몸과 마음과 영혼을 입는 그 날이 오기까지, 고난은 인간에게 주어진 삶의 조건입니다. 하나님은 그 고난을 완력으로 제거하지도 않으시고, 그 고난으로부터 착한 사람들만 혹은 믿는 사람들만 보호해 주시지도 않습니다.

하나님이 예수님 같은 분을 십자가에 달려 돌아가시도록 놓아두셨다는 사실을 생각하면, 이 세상에 엄연히 존재하는 죄악과 폭력을 완력으로 뿌리뽑는 것이 하나님의 방법은 아니라는 점이 분명해집니다. 당신의 독생자가 고난당하는 것을 그냥 두고 보셨다면, 우리의 경우는 더 말해 무엇하겠습니까? 그러니, 하나님은 분명, 세상에서 일어나는 폭력과 죄와 악에 관심을 두고 해결하려 하시지만, 그분의 방법은 우리의 생각과 다르다는 결론입니다. 예수님 같은 분이 십자가에 달려 절대 고독과 고통 속에서 죽임을 당하도록 허용했다면, 하나님은 고난중에 처한 인간을 돕는 특별한 방법을 가지고 계심에 분명합니다.

•• 왜, 기도하는가?

이쯤 되면, 다음과 같이 묻고 싶을지 모릅니다. 그렇다면 뭐하러 그렇게 무력한 하나님을 믿습니까? 병에 걸렸을 때 기도하는 것은 무엇 때문입니까? 치유를 구하는 기도는 모두 접어야 한다는 말입니까? 자녀들이 멀리 떠나갔을 때, 마음 졸여 기도하는 것은 다 무익하다는 말입니까? 사랑하는 사람들이 위험에 직면했을 때, 기도해 보아야 소용이 없다는 말입니까? 이 세상에서 당해야 하는 고난을 아무 대책없이 그냥 당해야 한다는 뜻입니까?

이 질문들에 답하기 위해서, "예수님이 십자가에서 돌아가시는 것으로 다 끝나지 않았음을 기억하라"는 진리를 묵상할 필요가 있습니다. 그분이 십자가에서 돌아가시기까지 당하신 고난의 겉모습만 보지 말라는 뜻입니다. 고난을 겪으신 예수님의 마음을 들여다보고, 고난의 한가운데 계셨던 하나님을 보고, 그 고난 뒤에 일어난 부활의 사건을 보라는 뜻입니다. 예수님이 모진 고난을 받을 때, 하나님은 그분을 떠나지 않으셨습니다. 하나님은 그분과 함께 계셨습니다. 다만, 예수님께 쏟아지는 모욕과 박해를 제지하는 것으로 돕지 않으시고, 그 모든 것을 견딜 수 있는 힘을 주시고, 십자가의 길을 끝까지 가도록 도우셨습니다.

십자가 위에서 마지막으로 내지르신 말씀, "나의 하나님, 나의 하나님, 어찌하여 나를 버리셨나이까?"라는 말씀은 버림받은 것 같은 상황에서 하나님께 대한 믿음을 확인하는 시편 22편에서 온 말씀입니다.

예수님은 하나님의 도우심으로 마지막 순간까지 하나님의 아들답게 십자가의 길을 걸으셨고, 그랬기에 '볼 눈'이 있었던 로마인 백부장이 그분이 죽는 모습을 보고는, "참으로 이분은 하나님의 아들이었다"(막 15:39)라고 고백하게 되었습니다. 그리고 사흘만에 하나님은 그분을 죽음에서 일으키셨습니다.

예수님의 부활은 고난이 전부가 아니라는 기쁜 소식입니다. 우리가 당하는 고난, 질병, 아픔, 손해, 사고, 그리고 우리가 당하는 죽음, 그것보다 더 큰 것이 우리에게 있다는 소식입니다. 숨어 계시는 것처럼 보이는 하나님, 그분이 보이지 않는 방법으로, 아주 섬세한 손길로, 세미한 음성으로, 비밀 햇볕처럼 혹은 미풍처럼, 우리와 함께하신다는 사실을 기억하라는 소식입니다. 눈에 보이는 것이 전부인 양 생각하지 말라는 것입니다. 숨어서 보시는 하나님을 생각하라는 말입니다. 그렇게 되면, 그분이 결국 그 고난을, 그 아픔을, 그 손해를, 그 질병을, 그 사고를, 그리고 그 죽음을 바꾸실 것입니다. 슬픔을 기쁨으로, 한숨을 찬양으로, 슬픔의 눈물을 감사의 눈물로 바꾸실 것입니다.

고난의 현실 앞에서 우리는 우리와 함께하시는 하나님께 더 예민하게, 더 친밀하게 연결되어 살도록 힘써야 합니다. 질병에 걸렸을 때, 하나님이 주시는 능력으로 잘 치료해 나가도록 끊임없이 기도하고, 온 몸과 마음에 생명력이 충만하도록 기도해야 합니다. 자녀들이 멀리 떠나갔을 때, 주님의 영이 그들의 마음을 다스려 주시기를 기도해야 합니다. 다른 아이들 다 당하는 일을 내 아이만 피하기를 노심초사 바랄 것이 아니라, 혹시 어려운 일을 당하더라도 지혜롭고 훌륭하게 극복해 가도록 기도해야 합니다. 세상에서 당해야 하는 고난에 대책없이 마주하라는 말이 아니라, 기도를 통해 하나님과 교제하면서 그 고난을 끌어안으라는 뜻입니다. 고난과 위기를 모면하기만을 빌지 말고, 고난과 위기 속에서 믿음의 빛을 발할 수 있도록 기도하라는 뜻입니다. 피할 수 없는 고난이라면, 그 고난의 심장에 들어가 그 심장을 쏠 수 있도록 기도해야 합니다.

•• 악이 다 악은 아니다

또 다른 면에서 생각해 볼 것이 있습니다. 나에게 악하게 보인다고 해도 그것이 본질적으로 악한 것은 아닐 수 있다는 점을 늘 고려해야 합니다. 경우에 따라, 사고를 만난 당사자에게는 무고하게 당하는 것처럼 보이고 억울하게 당하는 것 같은 고난이, 좀더 넓은 시각에서 보면 꼭 필요하고 이로운 일일 수 있습니다. 우리는 악과 고난에 대해 생각할 때, 늘 자신의 입장에서만 생각하는 경향이 있습니다. 하지만 자기중심적이고 편협한 시각을 극복하면, 억울하고 부당한 악처럼 보이는 일이 전혀 달라 보일 수 있습니다.

그 좋은 예가 미국 옐로우스톤 국립공원의 경우입니다. 오래 전에 미국 정부가 이 공원을 개발하기 시작하면서, 관광객에게 위험한 육식 동물들이 하나 둘씩 사라지기 시작했습니다. 그렇게 해서 드넓은 지역

이 안전한 관광지로 사랑받게 되었습니다. 하지만 얼마 지나지 않아 문제가 발생했습니다. 육식 동물이 사라진 까닭에 초식 동물의 수가 급증했고, 그로 인해 국립공원의 초원이 점차 황야로 변했습니다. 공원 관리자들이 인위적으로 초식 동물의 수를 조절할 수 없게 된 것입니다.

공원측은 이 문제를 놓고 고민하다가, 결국 늑대를 풀어 놓았습니다. 늑대가 번식함에 따라 초식 동물들의 수도 조절되기 시작했습니다. 그리고 황야는 다시 초원으로 변화되었습니다. 비록 불쌍한 초식 동물들이 늑대에게 잡아먹히는 일이 자주 발생했지만, 생태계는 균형을 잡게 되었습니다. 한 마리 순록의 입장에서 보면, 늑대에게 잡아먹히는 것은 억울하고 부당한 악이지만, 공원 전체로 보면, 생태계를 위해 이로운 희생이 됩니다.

이런 일들이 인간 사회에도 얼마든지 일어날 수 있습니다. 한 개인에게는 부당하고 억울한 폭행처럼 보이는 일이 다른 사람 혹은 사회 전체에는 꼭 필요한 희생이 될 수 있다는 것입니다. 과거, 독재 정권은 이러한 논리로 '대(大)를 위한 소(小)의 희생'을 부르짖으며 희생을 강요했던 적이 있었습니다. 저는 지금 그것을 말하는 것이 아닙니다. 때로, 동일한 사건임에도 불구하고, 당하는 개인의 소아적(小我的) 관점에서는 악으로 보이지만, 대아적(大我的) 관점에서는 많은 사람들에게 유익한 일이 될 수 있음을 지적하려는 것입니다.

예수님의 희생이 전형적인 예입니다. 십자가에서 처형당하는 것은 분명 예수님 개인에게는 부당하고 억울한 악이었습니다. 하지만 하나님의 시각에서 그리고 온 인류의 시각에서 보면, 그 죽음에 엄청난 의미가 담겨 있습니다. 예수님은 그것을 보셨습니다. 그래서 그 죽음을 끌어안으셨습니다. 예수님의 죽음을 '대속적 죽음'이라고 부르는 이유가 여기에 있지 않나 싶습니다. 이로써 그분은, 인간이 당하는 악과 고난에 이렇게 특별한 차원과 의미가 있을 수 있음을 증명해 보이셨습니다. 그것은 예수님에게만 해당하는 일이 아닙니다. 우리에게 닥치는 악에도 그런 의미가 있을 수 있습니다.

•• 감정에 정직하라

신애가 안타깝습니다. 세상에 가장 큰 고통이 자식 잃은 고통이라는데, 그 고통을 안고 홀로 살아가야 하는 신애의 처지는 보는 이들을 안타깝게 만듭니다. 하지만 신애는 그 고통에서 탈출하는 길을 찾을 것이 아니라, 끌어안을 힘을 찾아야 했습니다. 그것을 끌어안지 않고는 해결할 방도가 없기 때문입니다. 신애가 다녔던 교회의 목회자나 교인들이 신애의 문제를 제대로 파악했다면, 그가 믿음의 힘으로 그 고난을 끌어안고 견딜 수 있도록 도와주었을 것이고, 또한 함께 그 고통에 참여했을 것입니다. 그랬더라면, 신애는 믿음 안에 깊이 뿌리를 내리며 성숙해 갔을 것입니다.

그래도 신애가 도섭과의 만남 이후에 자신에게나 하나님께 솔직해졌다는 점이 무척 다행입니다. 하나님에 대한 그의 저항과 투쟁은 실은 그에게 매우 중요한 치유의 과정이 되었기 때문입니다. 아픔을 당했을 때, 그 아픔에 정직해지는 것이 매우 중요합니다. 감정에 정직하여, 울고 싶을 때 울고, 분노가 끓어오를 때 분노하는 것은 결코 불신앙이 아닙니다. 소위 믿음이 좋다는 사람들이 이 점을 자주 착각합니다. 큰 시련을 당했을 때, 하나님께 항의하고 통곡하는 것을 믿음이 없는 행동처럼 여깁니다. 그래서 억지로 감정을 억압하고, 그 과정을 의연하게 겪어 내야 믿음이 좋은 것이라고 생각합니다. 하지만 억압했다고 해서 그 감정이 사라진 것은 아닙니다. 내면 깊숙한 곳에 숨어 있다가 때가 되면 그 모습을 드러냅니다. 그때는 더 다루기가 어려워집니다.

얼마 전, 어느 자매가 제게 전화를 걸었습니다. 그분은 어릴 때 홀로 미국으로 유학을 와서 성공한 음악가입니다. 어느 정도 명성도 얻고, 다복한 가정을 꾸려서 행복하게 살고 있었습니다. 그런데 최근에 몸이 좋지 않아서 여러 가지 검사를 했는데, 의사의 최종 판결이 청천벽력과 같았습니다. 그의 질환은 완치될 수 없고 유일한 치료책은 악화되지 않게 하는 것이며, 따라서 언젠가는 연주를 할 수 없게 될 것이라는 판정이었습니다.

그는 저에게 전화를 걸어 울면서 이렇게 따졌습니다. "하나님이 뭐 때문에 나에게 이러시는 거예요? 내가 무엇을 잘못했다구요? 그리고 어떻게 저한테서 음악을 빼앗아 가실 수가 있어요? 음악은 제게 생명과 같은 거예요. 저는 지금까지 음악 때문에 살았어요. 그런데 다른 거 다 놔 두고, 왜 이것을 빼앗아 가겠다는 거예요? 어쩜 이러실 수 있어요? 왜 이러시는 거냐구요?" 저는 그 항의를 듣고 아무 말도 할 수 없었습니다. 하나님을 대신해서 "죄송합니다"라고 말하는 수밖에 없었습니다. 목사들이 이런 때 흔히 하는 말, "기도하겠습니다"라는 말도 할 수가 없었습니다.

그 후로, 기도 때마다 그 자매를 생각하는데, 마음에서 짚히는 것이 하나 있었습니다. 그것이 그 자매에게는 치유의 과정이 될 것이라는 점이었습니다. 너무나도 억울한 어려움을 당했을 때, 그 원통함과 분노를 털어놓아야 하는데, 하나님이 아니면 누가 그것을 받아 줄 수 있겠습니까? 그런데 하나님은 멀리 계시는 것 같고 보이지 않으니, 그 대신 목사에게 감정을 표현한 것입니다. 그것이 그 자매의 상처 치유에 큰 도움이 될 것이 분명해 보였습니다. 그렇게 생각하니, 아픔을 당한 사람에게 하나님 대신 멱살을 잡히는 것도 참 의미 있는 일이다 싶었습니다. 그렇게라도 한 사람의 아픔을 치료하는 데 도움이 될 수 있다면 얼마든지 그럴 수 있겠다는 생각이 들었습니다. 그렇게 생각하니, 제게 맡겨진 짐이 참 고귀하게 느껴졌습니다.

그 자매는 얼마 후에 정신적으로 그리고 영적으로 회복되었습니다. 지금도 계속 치료를 받고 있고, 앞으로 어찌 될지 알 수 없지만, 지금은 다시 활기차게 살아가고 있습니다. 제게는 여러 번, 그때 죄송했다고 말했지만, 저는 오히려 그렇게 저를 찾아준 것에 감사하고 있습니다. 그 자매는 자신의 감정에 정직하게 대응했기 때문에 비교적 신속하게 치유를 받을 수 있었습니다.

이런 배경에서 보면, 하나님에 대한 투쟁은 신애에게 복된 시간이었습니다. 신앙적인 시각에서 볼 때, 그 투쟁의 시간이 교회에 다녔던 시간보다 훨씬 더 유익했다 할 수 있습니다. 그 투쟁으로 신애의 마음에 차 있던 감정들이 해소되고 치유되었기 때문입니다. 이런 이유 때문에 저는 영화의 마지막 장면에서, 어쩐지 신애가 하나님께 돌아갈 것 같은 기대감을 품게 되었습니다.

●● 하나님께는 우리가 필요하다

고난의 문제와 관계하여, 또 하나 기억할 것이 있습니다. 하나님은 당신을 믿는 사람들이 세상의 악을 없애는 데 헌신하기를 기대하신다는 사실입니다. 하나님은 이 세상에 악을 허용하시지만 또한 악을 제거하는 일에도 깊은 관심을 가지고 계십니다. 가난한 사람의 궁핍을 해결하기 원하시고, 병든 사람의 고통을 치유해 주기 원하시며, 전쟁으로 고통받는 땅을 구원하시기 원하십니다. 악한 사람들이 마구 휘두르는 주먹으로부터 연약한 사람들을 보호하시기를 원합니다. 그런데 하나님은 당신을 믿고 당신의 아픔을 마음에 품고 살아가는 사람들이 그 일을 대신해 주기를 기대하십니다.

예수님은 자신의 죽음에 대해 이렇게 말씀하신 적이 있습니다. "사람이 자기 친구를 위하여 자기 목숨을 내놓는 것보다 더 큰 사랑은 없다"(요 15:13). 그분은 친구 즉 사랑하는 사람들의 고난을 해결하기 위해 생명을 드리셨습니다. 예수님의 삶은 곧 이 세상에 널려 있는 고난을 해결하기 위한 삶이었고, 그분의 죽음 역시 그것을 위한 죽음이었습니다. 부활하신 주님은 지금도 그리고 세상 끝날까지 자기 제자들과 함께 그 일을 지속하기 원하십니다.

그렇다고 하여 우리가 십자군처럼 총을 들고 일어서기를 기대하신다는 뜻은 아닙니다. 세를 결집하여 악을 퇴치하는 일에 앞장서라는 말도 아닙니다. 하나님이 진실로 기대하시는 것은, 우리가 그분과 하나가 되어, 우리 안에 계신 그분의 능력이 드러나, 그 능력으로 악이 무장해제되고 힘을 잃도록 하는 일입니다. 하나님이 완력과 폭력을 사용하지 않으신 것처럼, 우리도 악으로 악을 대항하지 말고, 사랑으로 그 악을 녹이기를 기대하십니다. 친구를 박해하는 사람을 살해하는 방법 대신, 그 친구를 위해 대신 죽는 방식으로 대항하라는 뜻입니다.

말은 멋있게 들리지만, 실은 매우 두려운 말입니다. 저는 여기서 소위 '순교자 콤플렉스'를 조장하려 하지 않습니다. 사실, 저는 적지 않은 기독교인들이 빠져 있는 이 콤플렉스를 아주 위험하게 봅니다. 다른 사람을 위해 내가 희생해야만 한다는 중압감에 시달리는 것은 정신병에 가깝습니다. 다른 사람을 위해 내 목숨을 내어 주어야만 한다고 믿는 것도 그렇습니다. 죽는 것이 목적이 아닙니다. 사는 것이 목적이고, 살리는 것이 목적입니다. 이 세상을 상처내고 있는 죄악과 고난에 대한 하나님의 근심을 마음에 품고, 하루 하루 당하는 일에 정성을 다하면서, 이웃의 아픔을 위해 내가 할 수 있는 일을 행해야 합니다. 그런 작은 일에 정성을 들이지 못하는 사람은 다른 사람을 위해 목숨을 내어 줄 수도 없습니다. 설사 그렇게 한다 해도, 그것은 참된 사랑의 행동이 아니라, 자기의 공명심을 위해 저지르는 만용이 되고 맙니다.

이 세상에 참으로 죄악은 깊고 고난이 많습니다만, 온 세상의 죄악과 고난을 일거에 해결할 방법은 없습니다. 하나님은 그렇게 조급하게 일하기를 원치 않으십니다. 리처드 마우(Richard Mouw)가 「무례한 기독교」(IVP 역간)에서 말했듯, 예수님이 드러내신 하나님은 '느린 하나님'입니다. 그분은 당신을 믿는 한 사람 한 사람을 일깨워, 그 사람의 주변에 있는 죄악과 고난을 하나씩 해결하기를 기대하십니다. 우리가 꿈꿀 일은 오늘 하루의 삶을 하나님께 바쳐 이웃의 죄악과 고난의 문제를 위해 헌신하는 일입니다. 그렇게 하루씩, 매일 반복하는 것입니다.

우리는 큰 일을 당할 때마다, "하나님은 저 위에서 도대체 무얼 하시는가?"(What are you doing up there, God?)라고 질문하지만, 실은 하나님이 우리에게 "너희는 도대체 그 아래서 무얼 하고 있느냐?"(What are you doing down there, man?)고 묻고 계심을 기억해야 합니다. 이는 제 말이 아니라 20세기 미국의 예언자라고 존경받았던 고(故) 윌리엄 슬로운 코핀(William Sloan Coffin)이 한 말입니다. 어찌 보면, "하나님은 도대체 무얼 하시는가?"라는 질문은 하나님이 우리 양심에 하시는 질문을 회피하려는 수단일지 모릅니다.

우리에게 닥친 고난의 현실 앞에서 우리는 고개를 들어 하늘에 항의하고 싶습니다. 하지만 진실로 우리에게 필요한 것은 고개를 숙여 하나님의 임재를 찾고, 그분의 인도하심 안에서 그 고난을 끌어안고 고난의 심장을 통과하여 그 고난을 변모시키는 일입니다. 모든 일에는 주님의 뜻이 담겨 있다는 은혜약국 김 집사의 말은 진실에 가깝습니다. 다만, 고난을 끌어안고 하나님과 함께 그 고난을 변모시키고 난 후에만, 주님의 뜻을 발견할 수 있습니다. 그 전에 이렇게 말하는 것은 고난당하는 사람의 마음에 못질을 하는 것이나 다름 없습니다. 제발, 제발, 제발, 아픔을 만난 사람에게 "다 주님의 뜻이야"라고 말하지 말기 바랍니다.

자신의 고난을 끌어안고 그 고난을 변화시켜 가면서, 우리는 또한 도처에 깔린 고난의 문제에 하나님의 마음으로 접근해야 합니다. 하나님은 세상의 고난을 아파하시며, 믿는 사람들이 그 아픔에 동참하기를 기대하십니다. 믿는 사람이 자신의 문제에만 허덕이고 있다면, 참으로 부끄러운 일입니다. "내 코가 석자인데…"라고 평계해서는 안 됩니다. 고난은 함께 나눌 때 그만큼 가벼워지기 때문입니다. 진실한 마음으로 고난을 나누어 질 때, 우리는 그제야 비로소 '고난 중에 함께하시는 하나님'이라는 말이 무슨 뜻인지 깨닫게 될 것입니다.

전능하신 주님,

사랑의 주님,

타락한 이 세상에서 저희가 고난을 당할 때

예수님처럼

그것을 끌어안고 변모시킬 힘을 주소서.

이웃의 고난을 볼 때,

주님의 마음을 느끼게 하시고

그 마음으로

그 고난을 제거하는 일에 헌신하게 하소서.

예수님의 이름으로 기도합니다.

아멘.

◎ 토의를 위한 질문

❶ "하나님이 사랑의 하나님이요 전능의 하나님이라면, 왜 믿는 사람이 고난을 받아야 하느냐?"라는 질문을 받아 본 일이 있습니까? 당신은 여기에 앞으로는 어떻게 대답하시겠습니까?

❷ 고난을 끌어안고 변모시킨 경험이 있다면 나누어 보십시오.

❸ 당시에는 억울하게 느껴졌지만, 나중에 보니 그 고난으로 다른 사람들이 유익을 얻었던 사건이 있습니까?

❹ 하나님의 아픔을 나누는 심정으로 다른 사람의 고난에 참여해 본 경험이 있습니까? '고난 중에 함께하시는 하나님'에 대한 당신의 체험을 말해 보십시오.

❺ 지금 당신에게는 끌어안고 변모시켜야 할 고난이 있습니까? 나누어 져야 할 이웃의 고난이 있습니까? 그렇다면, 어떻게 할 것입니까?

4장
마음의 눈을 뜨라―체험

•• 신애의 체험은 진짜일까?

'상처받은 영혼을 위한 기도회'에서 목사가 신애의 머리에 손을 얹고 기도했을 때, 신애는 진짜 하나님의 치유를 받은 것일까? 많은 이들이 갖는 궁금증입니다. 얼른 보면, 신애가 진실로 하나님의 기적적인 치유를 받은 것 같습니다. 구역 모임에서 간증하는 모습을 보아도, 동네 주부들과 수다를 떠는 자리에서 고백하는 모습을 보아도, 꼭 진짜 같습니다. 심지어 신애는 밀양 역전에서 찬송을 부르는 전도대에도 합세합니다. 손을 들고 찬양하는 신애는 구원의 감격과 기쁨을 주체하기 어려워하는 모습입니다.
그런데 제게는 이 모든 것이 진짜처럼 보이지 않습니다. 신애가 처음 교회에 들어서 치유받는 장면을 보면 더욱 그렇습니다.
아들 준을 잃은 고통으로 인해 기진맥진한 신애는 두려운 표정으로 상가 2층에 있는 교회로 들어서고, 종찬도 몇 걸음 뒤에서 따라 들어갑니다. 예배당 안에서는 벌써 찬양이 시작되었습니다. 신애는 한쪽에 자리를 잡고, 종찬은 그 뒷줄에 앉습니다. 교인들은 모두 간절한 표정과 몸짓으로 찬양을 부르는데, 신애와 종찬은 어리둥절하여 두리번거립니다. 이윽고 찬양이 끝나고, 강사가 나와서 치유를 위한 기도를 인도하자 이쪽저쪽에서 흐느껴 우는 소리가 들립니다. 그때, 신애가 고통스럽게 기침을 몇 번 하더니 가슴을 부여잡고 비통하게 통곡하기 시작합니다. 얼마 후, 목사는 조용히 신애에게 다가가 머리에 손을 얹고 기도하고, 신애의 통곡은 점차 잦아들면서 안정을 찾습니다.

감독이 그렇게 의도했는지는 모릅니다만, 북받쳐 오르던 신애의 감정이 목사의 안수 기도로 잠재워졌다고 해서 그것을 하나님의 치유로 단정짓는 것은 성급한 일입니다. 기도 중에 통곡했다고 해서 자동적으로 하나님의 사랑을 체험했다고 할 수 없는 것과 마찬가지입니다. 하나님의 치유는 우리의 감정과 정서를 변화시키지만, 감정과 정서의 변화가 언제나 하나님의 치유라고 할 수는 없습니다.

•• 교회 문화의 조급성과 피상성

신애의 하나님 체험은 진짜라고 보기 힘듭니다. 그는 사람들 앞에서는 행복에 겨운 표정으로 간증을 했습니다만, 홀로 있을 때는 전과 달라진 점이 전혀 보이지 않습니다. 북받쳐오는 감정을 억누르려고 주기도문을 외워 보지만, 아무런 효험도 없습니다. 그는 골목에서 남학생들에게 폭행당하는 도섭의 딸을 보고 지나쳤으면서도, 한편으로는 도섭을 용서하러 가겠다고 나섭니다. 전혀 용서할 준비가 되어 있지 않으면서 만용을 부립니다. 그렇게 만난 도섭이 하나님으로부터 용서를 받았다고 말하자, 신애는 하나님에 대한 투쟁에 돌입합니다. 이 모든 점을 감안할 때, 신애가 하나님을 진실하게 체험했다고 판단하기는 어렵습니다.

아마도, 신애는 아들을 잃은 아픔을 견딜 수 없어서 치유받은 것처럼 스스로를 속이는 선택을 했는지 모릅니다. 첫 아이를 교통 사고로 잃은 우리 교회 교우도 그런 고백을 하셨습니다. 자신도 신애처럼 그렇게 행동했다고 합니다. 그렇게 하지 않고는 죽을 것 같았다고 합니다. 하나님의 치유를 받았다고 자위라도 하지 않으면, 그 고통스러운 기간을 견딜 수가 없었을 거라고 합니다. 이런 경험에 비추어 보면, 신애가 교회를 찾아가 잠시 동안 치유받은 것처럼 행동한 것은 더 이상 짊어질 수 없는 무거운 고통의 짐을 내려놓는 방편이기도 했을 것입니다.

안타까운 것은 교회 안에 신애의 내면을 꿰뚫어 본 사람이 하나도 없었다는 것입니다. 오히려 교회와 교인들이 신애의 행동을 조장하고 자극한 면도 있습니다. 구역 예배 장면에서 이 점이 분명히 드러납니다. 신애는 다른 교인들 앞에서 환한 얼굴로 이렇게 간증을 합니다.

"다시 태어난다는 말, 전에는 그게 무슨 말인지 몰랐거든요. 그런데 이제 확실히 알았어요. 처음에 김 집사님이 저한테 그러시더라구요.

세상에는 눈에 보이는 것만 있는 게 아니라, 보이지 않는 것도 있다구.…처음 그 얘길 들었을 때는요, 솔직히 참 우스웠는데, 이제는 저도 그 사실을 가슴으로 느낄 수 있게 됐어요. 이 가슴이 누가 손으로 막 짓누르는 것처럼 많이 아팠는데요. 이제는 안 아파요. 평화를 얻었어요. 이제는 정말 저에게 일어나는 모든 일들이 하나님의 뜻 가운데서 일어난다는 것을 분명히 믿게 되었어요."

　이런 신애의 고백에 대한 다른 교인들의 반응에서 저는 한국 교회 문화에 편만한 '조급성'과 '피상성'을 목격하게 됩니다. 신애의 설익은 고백을 듣고 전도사는, 그가 하나님을 체험하고 성령을 받았다고 단정합니다. 그것도 아주 단호하고 확실한 어조와 몸짓으로 강조합니다. 그러자 함께 모인 교인들은 "아멘!"이라고 화답합니다. 사람의 내면을 보지 못하고 겉만 보았다는 증거입니다. 그들 중 신애의 중심을 꿰뚫어 보고, 그의 고백을 있는 그대로 받아주는 한편, 조심스럽게 그를 참된 믿음으로 인도할 만한 사람이 있었다면 얼마나 좋았을까 싶습니다. 그것은 영성의 깊이에서 오는 것입니다.

•• 간증을 조심하라

　이런 일들이 실상 한국 교회 안에서 얼마나 많이 일어나고 있는지요! 어떤 사람이 뭔가를 체험했다고 하면, 그것이 진짜인지 아닌지 확인하지도 않고, 성급하게 성령 체험이라고 단정하고, 간증을 시킵니다.

그 사람에게는 체험을 분별하고 확인할 시간이 필요한데, 그런 시간을 주지 않습니다. 교회 성장을 위해 이용할 자료가 궁색한 마당에, 그렇게 기다릴 여유가 있을 리 없습니다. 그래서 누군가 작은 체험을 고백하면, 교회는 침소봉대하여 선전하기에 바쁩니다. 그 사람이 연예인 같은 유명인일 경우에는 더 그렇습니다.

이런 환경에서는 진짜 체험을 하지 못한 사람들은 그것을 진짜로 여기고 지내다가 나중에 가짜인 것을 확인하고 배신감과 허탈감을 느끼게 됩니다. 설사 진짜 체험을 한 사람이라도 그 진정성을 잃고 오염되고 타락하게 됩니다. 그러므로 누가 무슨 체험을 했다고 하면, 교회 지도자들은 먼저 그가 자신의 체험을 분별할 수 있도록 영적 도움을 주어야 합니다. 만일 그 사람이 감정적인 변화를 하나님 체험으로 오인한 것이 확인되면, 지혜롭게 안내하여 진정한 하나님 체험을 사모하고 추구하도록 도와주어야 합니다. 그 사람이 진실로 하나님을 체험했다고 판단되어도, 성급하게 앞에 내세워 간증을 시키지 않도록 해야 합니다. 간증을 해 본 사람은 알 것입니다. 극화시키고 과장하려는 유혹이 얼마나 강한지 말입니다.

저는 영화 "밀양"을 통해 한국 교회에 만연해 있는 간증 문화에 대해 심각한 반성이 일어나기를 기도합니다. 간증을 하지 말라는 뜻이 아닙니다. 간증을 하려면, 적어도 영적 체험이 그 사람의 삶에서 충분히 숙성되고, 좋은 열매로 나타난 다음에, 즉 그 사람의 영성이 충분히 성숙한 후에 해야 합니다. 그렇지 않으면 간증하는 사람에게는 치명적인 독약이 될 수 있습니다. 특히 연예인들을 내세운 무분별한 간증 집회를 한국 교회가 전면적으로 중단했으면 좋겠습니다. 연예인들 사이에 교회에 다니며 간증하는 것을 돈벌이로 여기는 사람들이 있다는 이야기를 들었습니다. 그들이 교회를 얼마나 업신여기겠습니까? 또한 그렇게 '하나님의 사랑'을 팔고 다니면서 그나마 있던 신앙마저 오염되면, 그 사람의 영혼은 누가 책임져야 한다는 말입니까? 제발, 연예인을 이용하는 전도는 그만 했으면 좋겠습니다.

●● 진정한 하나님 체험의 요소들

그렇다면 진정한 성령 체험은 어떻게 분별할 수 있을까요? 여기에는 절대적인 모범 답안을 제시하기 어렵지만, 다음과 같은 점을 고려하면 어느 정도 분별할 수 있습니다.

첫째, 진정한 하나님 체험은 자신으로서는 불가항력적인 변화를 수반합니다. 자신이 죄인이라는 사실을 부정하고 거부하던 사람이 거부할 수 없는 힘으로 압도해 오는 죄책감에 사로잡히는 경우도 있습니다. 자신을 짓누르던 죄책감으로부터 자유함을 얻는 경우도 있고, 주체할 수 없는 기쁨을 느끼는 경우도 있습니다. 또 순백의 옷감처럼 깨끗하게 씻기는 듯한 경험을 하기도 합니다. 그런 체험을 추구하지 않았는데도 밀물처럼 덮쳐 오는 경우도 있습니다. 하나님 체험은 본질적으로 우리의 통제 밖에서 일어나는 일입니다.

사울의 회심이 그랬습니다(행 9장). 그는 나사렛 출신 예수가 하나님이 보내신 구원자 즉 메시아라고 인정할 수 없었습니다. 그가 볼 때, 그렇게 믿는 것은 아브라함의 하나님, 이삭의 하나님, 야곱의 하나님을 모독하는 것이었습니다. 그래서 그는 그렇게 믿는 사람들을 색출하여 처단하는 일에 인생을 걸었습니다. 그가 살던 예루살렘 도시를 이 잡듯 뒤져서 그리스도인들을 잡아들였습니다. 많은 그리스도인이 그 통에 예루살렘을 빠져 나갔습니다. 사울은 이웃 도시까지 손을 뻗쳐 그들을 추적했습니다.

그런데 다메섹으로 가던 길에서 사울은 불가항력적으로 압도하는 영적 체험을 합니다. 그는 땅에 거꾸러져 "이제는 죽었구나!" 하고 두려워 떱니다. 그때 하늘에서 음성이 들립니다. "사울아, 사울아, 네가 왜 나를 핍박하느냐?"(4절) 사울은 목소리의 주인공이 누구인지 몰랐지만, 그가 신적인 존재라는 사실만큼은 분명히 알았습니다. 그래서 반문합니다. "주님, 누구십니까?" 그러자 그 음성이 답합니다. "나는 네가 핍박하는 예수다." 그는 예수님을 찾지 않았습니다. 오히려 예수님을 찾는 사람들을 박해했습니다. 그런데 그 예수님이 사울을 찾으셨고, 그는 즉시로 나사렛 예수가 하나님이 보내신 구원자 메시아임을 받아들입니다. 거부할래야 거부할 수 없는 믿음이었습니다.

둘째, 그 내적 변화는 지속적입니다. 한 번 스쳐 지나가는 것은 하나님 체험이 아닙니다. 체험으로 인해 믿음이 생겼다면, 그 믿음은 지속됩니다. 물론, 어느 정도 굴곡은 있습니다. 하지만 체험하기 전과는 분명히 다른 믿음이 마음을 지배합니다. 체험을 통해 평화가 생겼다면, 그 평화가 지속됩니다. 잠시 동안 흔들리기는 할망정, 영적 생활을 통해 다시 회복할 수 있습니다. 때로 약해지기도 하고 때로 강해지기도 하지만, 하나님을 완전히 떠나지 않는 한 그 평화는 지속됩니다.

셋째, 내적 변화는 외적 변화를 불러옵니다. 마음의 평화와 기쁨으로 인해 표정도, 말투도 바뀝니다. 하지만 더 중요한 것은 삶의 질과 가치관과 목표가 점차로 바뀌어 나갑니다. 하나님의 말씀이 지시하는 방향으로 조율되어 갑니다. 하나님을 만난 체험이 참되고, 그 체험으로 인한 내적 성장이 지속된다면, 당연히 그 열매가 외적으로 드러납니다. 한 순간에 완전한 인간이 된다는 말이 아닙니다. 육신을 입고 살아가는 한, 우리는 완전해질 수 없습니다. 하지만 하나님의 영의 능력으로 우리는 늘 새로운 사람으로 지어져 갑니다.

사울은 다메섹 도상의 체험 후에 전혀 다른 사람이 되었습니다. 그가 자신을 '바울'이라는 이름으로 부른 것은 이방인들에게 접근하려는 시도이기도 했겠지만('바울'은 헬라식 이름이고, '사울'은 히브리식 이름입니다), 새로운 존재로 거듭남을 표현하려는 의도이기도 했을 것입니다. 이 체험으로 인해, 바울은 비참하게 순교당하는 순간까지 믿음을 지켰고, 깊은 영성에 이르게 되었습니다. 제가 제일 좋아하는 구절 중 하나인 갈라디아서 2장 20절에서 그는 이렇게 고백합니다. "나는 그리스도와 함께 십자가에 못박혔습니다. 이제 살고 있는 것은 내가 아닙니다. 그리스도께서 내 안에 살고 계십니다."

•• 체험에 대해 의문하라

　여기서 잠시 감리교회의 창시자 존 웨슬리의 이야기를 하려고 합니다. 그는 성공회 목사의 아들로 태어나, 당시로서는 최고의 신학 교육을 받았습니다. 뿐만 아니라, 거룩한 삶에 대한 열정도 높아서, 옥스퍼드 대학교에서 공부할 때 이미 '신성클럽'(the Holy Club)을 만들어 당시의 타락한 캠퍼스 문화에 거슬러 살았습니다. 그는 성공회 신부가 되었고, 모교인 옥스퍼드 대학교 교수가 되었습니다. 그런데 그는 자신의 내면에서 하나님을 만난 증거를 찾을 수 없었습니다. 남들은 모두 그를 믿음 좋은 사람으로 인정했지만, 자신은 그것에 속지도 않았고, 자신을 속이지도 않았습니다. 정직하게 내면을 살펴볼 때, 그의 믿음은 모두 전해 받은 것이지, 스스로 깨닫고 체험한 것이 없었습니다.

　그는 이 체험을 얻기 위해 미국 조지아 주에 선교사로 자원했습니다. 인디언들에게 복음을 전하기 위해서였습니다. 그것은 자신을 참된 하나님 체험으로 몰아 세우려는 시도였습니다. 하나님을 체험하기에는 너무 많이 배웠는지 모른다고, 혹은 하나님을 체험하기에는 너무 안락한 삶을 살고 있다고 생각했는지 모릅니다. 야만적인 인디언들을 만나 전도하다 보면, 뭔가 원초적이고 거친 체험을 하지 않을까 기대했던 것 같습니다. 하지만 2년 여의 시도는 비참한 실패로 끝나고, 웨슬리는 영국으로 귀환합니다. 그는 설교를 포기하고 싶을 만큼 실의에 빠졌습니다. 그의 고민을 들은 피터 뵐러(Peter Böhler) 목사는, "구원의 확신이 들 때까지 구원의 확신에 대해 설교하시오"라고 권고해 주었습니다.

그렇게 몇 개월을 지낸 다음, 1738년 5월 24일 저녁의 일이었습니다. 웨슬리는 올더스게이트라는 거리에 있는 작은 교회의 예배에 참여했습니다. 그는 뒤쪽에 앉아, 사회자가 읽어 주는 루터의 로마서 주석 서문을 듣고 있었습니다. 그것을 듣고 있는 중에 갑자기 "마음이 이상하게 따뜻해졌다"고 합니다. 적지 않은 사람들이 "마음이 뜨거워졌다"고 번역하는데, 웨슬리가 일기에 적은 대로 하자면, "My heart was strangely warmed"입니다. 그때, 그는 자신이 구원을 위해 예수 그리스도를 의지하고 있음을 느낄 수 있었습니다. 그리고 그분이 자신의 죄를 해결하였으므로 죄와 심판으로부터 이미 구원받았다는 믿음이 들어찼습니다.

웨슬리의 일기를 보면, 그런 체험을 했던 그 자리에서 즉시로 마음에 의문이 일어났다고 합니다. '이건 믿음일 수 없어. 이게 진짜 믿음이라면, 기쁨은 어디 있는 거야?' 그는 이 의문에 대해 생각하는 동안, 기쁨은 믿음과 동시에 오기도 하고, 나중에 오기도 한다는 것을 깨달았습니다. 그날 밤, 집으로 돌아온 웨슬리는 또 다른 의문을 만납니다. 그런 의문에 답하면서 웨슬리는 자세히 자신을 관찰합니다. 관찰 끝에 그는 이렇게 적습니다. "율법 아래 있을 때나(체험하기 전) 은혜 아래 있을 때나(체험한 후), 전심을 다해 죄의 유혹과 싸우기는 마찬가지다. 다만, 과거에는 자주는 아닐지라도 가끔 유혹에 넘어겼는데, 이제는 항상 이긴다는 것이다."

그 다음 날(5월 25일)의 일기를 보면, 웨슬리는 계속 자신을 관찰하고 있음을 볼 수 있습니다. 마음속 유혹자의 음성이 말합니다. "만일 네가 진실로 믿는다면, 왜 좀더 분명한 변화가 일어나지 않는 것이냐?" 이에 대해 웨슬리는 한참을 고민한 끝에 이렇게 답합니다. "나는 모른다. 하지만 내가 아는 것이 하나 있다. 나는 지금 하나님과 화평을 이루었다는 사실이다. 오늘 나는 죄를 짓지 않고 있다. 나의 주님 예수님은 내일 일을 염려하지 말라고 하셨다."

이렇게 웨슬리는 자신을 성찰해 가면서, 5월 24일에 자신에게 일어난 일이 단순한 감정의 변화가 아니라, 하나님의 성령이 자신의 마음을 만지신 사건임을 확인했습니다. 그리고 이 체험으로부터 영국을 피의 혁명에서 구원한 감리교 운동이 시작되었습니다.

•• 미풍처럼 부는 성령의 바람

저는 "밀양"을 보면서, 혹시나 관객들이 "기독교인들이 선전하는 체험이란 다 저런 것이야!"라고 단정하지 않을지 염려되었습니다. 혹시 감독이 그런 전제로 이런 영화를 만들었다면, 그 또한 안타까운 일입니다. 그런 '사이비 체험'을 여기저기서 선전하고 있는 것은 사실입니다. 하지만 기독교인들이 말하는 체험이 모두 그런 것은 아닙니다. 바울의 체험과 존 웨슬리의 체험 같은 것도 있습니다. 지금까지 기독교가 건재해 온 이유도 이 같은 진짜 체험들 때문입니다. 이런 체험은 비단 위대한 인물에게만 일어나는 것이 아니라, 저와 당신 같은 보통 사람에게도 일어납니다.

이렇게 말하면, "저도 그런 체험을 해 보고 싶습니다. 그런데 아무리 노력해도 되지 않습니다. 어떻게 하면 그런 체험을 할 수 있을까요?"라고 질문하고 싶은 독자들이 있을 것입니다. 실은, 저도 오래도록 그런 갈망을 가지고 번민하며 방황했습니다. 신학대학에서 만난 학생들도, 목회 현장에서 만난 이들도, 하나님의 만지심(touch)에 대한 갈망이 강렬한 것을 발견해 왔습니다. 그런 갈망과 열망은 많은데, 진짜 체험은 별로 일어나는 것 같지 않습니다. 하나님의 성령이 지금도 활동하고 계신 것이 사실이라면, 왜 그분의 모습은 잘 보이지 않을까요?

이에 대한 명쾌한 대답은 없습니다만, 다음과 같은 안내를 드리고 싶습니다. 첫째, 하나님의 성령 체험은 내가 통제할 수 있는 것이 아님을 인정해야 합니다. 예수님께서 니고데모와의 대화에서 이렇게 말씀하셨습니다.

바람은 불고 싶은 대로 분다.
너는 그 소리는 듣지만,
어디에서 와서 어디로 가는지는 모른다.
성령으로 태어난 사람은 다 이와 같다(요 3:8).

성령은 마치 바람과 같습니다. 성령을 뜻하는 히브리어 '루아흐'와 헬라어 '프뉴마'는 '숨' 혹은 '바람'을 의미합니다. 따라서 바람에 비유하여 성령을 생각해 보면 큰 도움이 됩니다. 우리가 바람을 제어할 수 없듯이, 성령도 제어할 수 없습니다. 우리가 할 수 있는 일은 성령께서 우리에게 불어치도록 사모하고 기다리는 것뿐입니다. 하지만 성령의 체험을 위해 우리로서는 할 일이 아무것도 없다는 말에 실망하지 마시기 바랍니다. 우리가 성령 체험을 바라는 열망보다 성령께서 우리를 만지시려는 열망이 더 크기 때문입니다. 길을 잃어 부모를 찾아 헤매는 어린아이를 생각해 보시기 바랍니다. 아이가 부모를 찾는 심정보다 부모가 아이를 찾으려는 심정이 훨씬 더 간절하지 않겠습니까? 마찬가지입니다. 우리가 성령을 사모하는 마음보다 성령께서 우리를 만지시려는 열망이 더 큽니다. 따라서 그분을 사모하고 기다리면 필경 그분은 우리를 만져 주실 것입니다.

둘째, 성령의 체험을 위해 우리 편에서 할 수 있는 일이 전혀 없는 것은 아닙니다. 바람이 우리에게 불어치게 만들 방도는 없지만, 바람을 경험하기 위해 할 일은 있습니다. 바람이 잘 부는 곳에 나가 있으면 바람을 만날 수 있습니다. 마찬가지로, 우리가 성령을 억지로 끌어올 방도는 없지만, 성령께서 강력하게 활동하시는 환경 속에 우리 자신을 노출시키는 노력은 할 수 있습니다. 그것을 가리켜 '영성 생활'이라고 부릅니다. 예배, 기도, 찬양, 말씀 묵상, 봉사 등과 같은 일들은 우리로 하여금 성령의 활동에 좀더 많이 노출되게 만들어 줍니다. 따라서 성령의 만지심을 진실로 원한다면, 그러한 영성 훈련에 좀더 열심을 낼 필요가 있습니다. 리처드 포스터(Richard Foster)의 지적대로, 영성 훈련 자체가 우리를 변화시키는 것이 아닙니다. 성령께서 변화시키십니다. 다만, 영성 훈련은 우리로 하여금 성령의 활동 안에 머물러 있도록 도와줍니다.

셋째, '체험'이라는 것에 대한 고정 관념을 벗어날 필요가 있습니다. 우리는 부흥사들의 체험 이야기에 너무 익숙해 있어서, 매우 감각적인 현상이 있어야만 하나님 체험이라고 간주하는 경향이 있습니다. 멀쩡한 치아가 금니로 변하는 것을 보고 성령의 역사라고 말합니다. 부흥사의 손짓에 사람들이 밀려 넘어진다고 해서 성령의 역사라고 합니다. 즉석에서 당장 확인할 수 있는 변화가 있어야만 성령의 역사라고 생각합니다. 혹은 방언을 하거나 환상을 보는 것 같은 감각적인 현상이 있어야만 한다고 생각합니다. 그렇기 때문에 성령의 영향력 아래에서 살아가고 있으면서도 여전히 "성령이여 오시옵소서!"라고 기도합니다.

바람이 불어칠 때 나타나는 현상은 다양합니다. 바람이 불어치는 모습도 다양합니다. 미풍이 있고, 태풍이 있으며, 삭풍이 있고, 또한 폭풍이 있습니다. 때로는 아무것도 느낄 수 없지만 바람은 불고 있습니다. 이와 마찬가지로, 성령의 역사는 다양하고, 성령의 은사 또한 다양합니다. 이에 대해서는 로마서 12장, 고린도전서 12장 그리고 14장에서 바울이 잘 설명해 주었습니다. 바울이 언급한 다양한 은사들을 보면, 감각적인 현상으로 나타나는 성령의 은사는 예외적인 것입니다. 더 많은 경우, 성령의 활동은 우리의 감각으로 알아차릴 수 없습니다. 오직 영적인 민감성으로만 알아차릴 수 있습니다. 예수 그리스도를 주님으로 인정하는 믿음(내적 증거)과 생각과 말과 행동으로 나타나는 선한 열매(외적 증거)를 살펴보면, 우리가 성령의 영향력 하에 있는지 어떤지를 분별할 수 있습니다. "나는 성령을 받지 못했다"고 생각하는 독자들 가운데 대부분은 이미 성령의 활동 안에서 살아가고 있다고 보아 틀림이 없을 것입니다.

그러므로 진실한 하나님 체험을 원하는 사람은 기도의 열정을 더 높이고, 신령하다는 집회를 찾아 수선을 피울 것이 아니라, 조용히 머물러 앉아, 비밀 햇볕처럼 혹은 미풍처럼 자신을 감싸고 있는 하나님의 성령에 예민해질 수 있도록, 자신의 영을 깨우는 일에 더 힘써야 합니다. 우리의 마음이 하나님의 성령에 조율되고, 그분의 임재에 마음의 눈이 열리면, 사소해 보이지만 신기한 일들이 우리 삶 속에 끊임없이 일어나고 있음을 보게 될 것입니다. 평생에 단 한 번 강력한 영적 체험을 하기보다는, 이렇게 사소해 보이는 체험들을 자주 경험하고 살아가는 편이 훨씬 더 낫습니다.

•• 일상의 보물찾기

저는 이것을 '일상의 체험'이라고 부릅니다. 특별한 사건을 통해 하나님을 만나는 것이 아니라, 하루 하루의 평범한 일상 속에서 하나님을 만나는 것을 말합니다. 나에게 일어나는 일들 속에서, 내가 만나는 사람들 사이에서, 그리고 내 눈에 들어오고 귀에 들리는 소리들 속에서 하나님의 영이 움직이고 있음을 확인하며 살아가는 것은 얼마나 신나는 일인지요! 저는 또한 이것을 '일상의 보물찾기'라고도 부릅니다. 하나님은 우리의 평범한 일상, 때로는 권태롭고 짜증나며 절망스러운 일상 속에 보물을 숨겨 두셨습니다. 처음에는 그 보물이 전혀 눈에 보이지 않습니다. 하지만 하나 둘 찾기 시작하면, 그 보물이 어디에, 어떻게 숨어 있는지 알게 됩니다. 그 눈을 뜨고 나면, 온 천지가 보물섬이 되어 버립니다.

제가 사는 지역의 어느 교회 앞을 지나는데, 교회 홍보판에 이런 문구가 쓰여 있었습니다. "하나님이 멀리 계신 것처럼 느껴진다면, 누가 그분을 옮겨 놓았는가?"("If God seems far away, who moved him?") 누군가 참 재치있는 문장을 만들었다 싶습니다. 하나님이 멀게 느껴지는 것은 우리 마음이 무뎌져 있기 때문입니다. 하나님이 계시지 않는 것처럼 느껴진다면, 우리 마음의 눈이 멀었기 때문입니다. 하나님을 한 번도 체험해 보지 못했다고 생각한다면, 우리의 영적 감각이 죽었기 때문입니다.

영이신 하나님은 비밀 햇볕처럼 늘 우리를 비추고 있습니다. 깜깜한 밤중에도 햇빛은 우리를 비추듯, 하나님이 없다고 느끼는 바로 그 순간에도 하나님은 우리와 함께하십니다. 바람 한 점 없는 것처럼 느껴지는 날에도 사실은 미풍이 불듯, 하나님의 활동이 느껴지지 않을 때에라도 하나님은 우리를 위해 일하십니다. 비밀 햇볕을 느낄 수 있는 예민함만 있다면, 혹은 미풍을 느낄 수 있는 민감함만 있다면, 우리는 늘 하나님의 임재 안에서, 늘 그분의 손길을 체험하며 살아갈 수 있습니다. 그것이 영성 생활의 관심이요, 초점입니다.

마지막으로, 제가 좋아하는 구상 선생의 시 한 편을 소개합니다.

말씀의 실상

영혼의 눈에 끼었던
무명의 백태가 벗겨지며
나를 에워싼 만유일체가
말씀임을 깨닫습니다.

노상 무심히 보아오던
손가락이 열 개인 것도
이적에나 접한 듯
새삼 놀라웁고

창 밖 울타리 한 구석
새로 피는 개나리꽃도
부활의 시범을 보듯
사뭇 황홀합니다.

창창한 우주, 허막한 바다에
모래알보다도 작은 내가
말씀의 신령한 그 은혜로
이렇게 오물거리고 있음을
상상도 아니요, 상징도 아닌
실상으로 깨닫습니다.

기도

비밀 햇볕 같으신 주님,
미풍처럼 우리를 감싸고 계신 주님,
저희로 조용히 머물러 주님 앞에 서게 하소서.
저희 마음의 귀를 여시고
마음의 눈을 열어 주셔서
숨어 계시는 주님을 보게 하시고
일상에 숨겨져 있는 신비를 찾게 하소서.
예수님의 이름으로 기도합니다.
아멘.

◎ **토의를 위한 질문**

❶ 영적 생활을 통해 경험한 체험들을 생각해 보십시오. 또 처음에는 하나님 체험이라고 생각했는데, 나중에 그렇지 않은 것으로 확인되었던 경험이 있다면, 나누어 보십시오.

❷ 분명히 하나님 체험이었다고 믿어지는 것이 있다면, 나누어 보십시오. 왜 그렇게 믿습니까?

❸ 문득 "하나님이 여기 계시는구나!" 하고 느낀 순간이 있었습니까?

❹ 어떻게 하면 늘 하나님의 임재 가운데 살아갈 수 있을까요? 당신의 생각과 경험을 나누어 보십시오.

5장
차라리 침묵하라—전도

•• **친절한 김 집사**

은혜약국 김 집사는 이 영화에서 매우 비중 있는 조연입니다. 그는 어느 교회든 가면 꼭 한두 사람은 있게 마련인, '열심 있는 신자'의 전형입니다. 자신의 직업을 전도의 수단으로 생각하고, 자신의 직장을 선교지로 생각하는 기독교인들이 적지 않은데, 김 집사는 그런 사람들 중 하나입니다. 김 집사가 신애를 만나 전도하는 장면을 옮겨 봅니다.

김집사의 전도 장면
어느 날 신애가 학원에서 아이를 데려와 집으로 들어가려는데, 길 건너 은혜약국의 김 집사가 선물이 있다면서 신애를 부릅니다. 사람 좋은 인상의 40대 아줌마 김 집사는 신애의 손을 살갑게 잡고 약국 안으로 이끕니다.

김 집사 그라이까네, 내 원장님 이야기를 들었거든예.

신애　　무슨 얘기요?

김 집사　원장님 안 좋은 일 있어 가지고, 불행한 일 당하고 밀양에 내려왔다 카는 얘기를 내가 들었어예. 그래서 있지예…. 이거 하나님 말씀이 담겨 있는 정말 소중한 선물이거든예. 이거 집에 가서 꼭 한 번 읽어 보소.

신애　　어유, 이런 거 안 믿는데….

김 집사　그라이까네, 우리 원장님은 눈에 보이는 것은 믿고 눈에 안 보이는 거는 안 믿는다, 그지예?

신애　　아이, 저는 눈에 보이는 것도 다 안 믿어요.

김 집사　원장님, 우리가 밖에 이래 보면, 사람도 보이고 차도 보이고 이라지만, 세상에는 눈에 안 보이는 것도 있거든예. 원장님, 우리가 하나님을 믿으면 눈에 안 보이는 세상도 볼 수 있어예. 그러니까 그 세상은 정말로 기쁘고 감사하고 마음의 위안을 받을 수 있는 그런 세상이거든예. 그라이까네, 우리가 지금까지 하나님을 몰랐다면, 세상의 반밖에 몰랐다고 보면 되예.

신애　　아무튼, 선물 감사합니다.

김 집사　원장님처럼 불행한 분은 특히 하나님의 사랑이 꼭 필요해요.

신애　　아이, 저 불행하지 않아요, 약사님. 잘 살고 있어요. 그만 가 볼게요. 애가 안 보이는 거 같아서요.

김 집사　꼭 읽어 보세요.

김 집사는 전도하는 사람들이 자주 사용하는 질문, 즉 "사영리에 대해 들어보셨나요?" 혹은 "오늘 밤 당신이 죽는다면 천국에 가리라는 확신이 있습니까?"라는 질문을 사용하지 않습니다. 말하자면, 김 집사는 꽤 창조적으로 전도를 하고 있는 셈입니다. 눈에 보이지 않는 세계가 있으며, 그 세계를 보지 못하면 세상의 반도 알지 못한 것이라는 말은 꽤 철학적입니다. "예수 믿고 천당 가세요"라는 말과는 차원이 다르게 들립니다.

신애가 아들을 잃고 나서 힘들어할 때, 김 집사는 다시금 신애에게 접근합니다. 이 때도 김 집사의 전도는 꽤 수준이 있어 보입니다. '상처 받은 영혼을 위한 기도회'를 소개하면서, "꼭 우리 교회에 나오라는 소리는 아니고요"라고 덧붙입니다. 내 교회 교인 늘리기 위해 전도하는 것이 아니라는 점을 강조하고 싶었던 것 같습니다. 김 집사는, 약국에 있는 모든 약으로도 마음의 병은 고칠 수 없고, 오직 하나님의 사랑만이 치료할 수 있다고 설명합니다. 한국 교회의 전도가 이 정도 수준에만 올라도 참 다행이겠다 싶습니다.

하지만 실상은 어떻습니까? 한국 교회의 전도 행태는 많은 문제를 안고 있습니다. 제가 가장 불편하게 느끼는 점은 전도하는 사람들이 상대방을 협박하듯이 복음을 소개한다는 데 있습니다. 감화시켜 믿게 하지 않고, 위협하여 믿게 하려고 합니다. 저는 이것을 '세례 요한 콤플렉스'라고 부릅니다. 요단 강에서 세례를 베풀던 요한이 자신에게 몰려드는 무리를 향해 "독사의 자식들아, 누가 너희에게 닥쳐올 징벌을 피하라고 일러 주더냐?"(마 3:7)라고 꾸짖습니다. 오늘날 많은 전도자들이 스스로 세례 요한이라고 생각하는 것 같습니다. 지하철 객차 안에서도, 전철 광장에서도, 지하도에서도, 이 같은 분노한 전도자들을 얼마든지 손쉽게 찾아볼 수 있습니다. 그들은 닥쳐올 징벌을 경고하면서 "예수 천당, 불신 지옥"을 외칩니다.

얼마 전, '최춘선 신드롬'이 한국 교회를 강타했습니다. 김우현 감독이 몇 년에 걸쳐 공들여 만든 다큐멘터리와 최춘선 선생의 숨겨진 이야기들이 많은 이들에게 감동을 주었습니다. 저도 감동에 젖어 그 다큐멘터리를 보았고, 책도 읽었습니다. 그러나 감동의 물결 반대편에서 작은 염려가 스멀스멀 올라왔습니다. '이 영상을 보고 거리의 세례 요한들이 얼마나 용기를 얻을까?' 최춘선 선생은 겉으로 보이는 기행을 뒷받침할 만한 영적 자원을 가지고 있었습니다. 이성적으로는 말도 되지 않는 그의 전도 방법이 결실을 얻을 수 있었던 것은 감추어진 영적 자원 때문이었습니다. 그런 영적 자원이 없다면, 그런 행동은 그저 기행으로 끝나고 말 것이 분명합니다. 아니, 전도에 막대한 피해를 끼칠 것이 분명합니다. 제 염려는, 그분의 숨겨진 영적 생활에는 관심을 두지 않고, 그의 기행만을 따라 하려는 사람들이 많이 생기지 않을까 하는 것이었습니다. 그런 사람들은 이미 넘쳐나고 있습니다.

김 집사의 전도를 보고 다행이다 싶은 또 다른 점은, 뻔한 공식을 가지고 대하지 않는다는 점입니다. 효과적인 전도를 위해 얼마나 많은 '전도 공식'이 개발되었고, 또한 팔리고 있는지요? 다른 사람이 고민하여 개발해 낸 예상 질문과 모범 답안을 외워서 전도하겠다고 나서는 사람들이 얼마나 많은지요? 청년 시절, 전도 교육을 받고 나서, 둘씩 짝을 지어 거리로 나가 한가해 보이는 사람을 붙들고 전도를 시도했던 경험이 저에게도 있습니다. 한 사람은 말하고, 다른 한 사람은 옆에서 기도했습니다. 전도 방법을 개발해 낸 기관에서는 그 방법으로 얻은 결신자의 수를 내세우며 효력을 증명하려 하지만, 실상은, 그런 시도를 통해 참된 믿음에 이른 사람보다 기독교에 회의를 느끼고 등을 돌린 사람이 더 많습니다.

●● 불편한 김 집사

영화에서 김 집사가 나올 때마다 저는 마음이 조마조마했습니다. 과거 한국 영화에서 기독교인들이 자주 조롱의 대상으로 그려졌기 때문입니다. 그런 경험 때문에, 김 집사의 말과 행동에서 혹시나 조롱받을 만한 것이 나오지 않을까, 근심스럽게 지켜보았습니다. 하지만 그런 것은 별로 없었습니다.

그러나 김 집사의 표정과 말과 행동을 보면서, 저는 여전히 불편한 느낌을 견뎌야 했습니다. 신애를 대하는 김 집사의 표정이 왠지 저를 불편하게 했습니다. 정답만을 말하는 그의 말들이 제게는 겉도는 것처럼 들렸습니다. 틀렸다고 꼬집을 만한 대목이 딱히 집히지 않으면서도, 왠지 설득력이 없게 들렸습니다. 신애를 위한 김 집사의 행동은 분명 보통 사람의 수준을 넘는 것처럼 보이는데, 왠지 마음에 걸렸습니다. 아마도 이 영화에서 제 마음을 가장 불편하게 했던 것이 바로 김 집사라는 인물이었던 것 같습니다. 저에게 공감하는 독자들이 많을 것입니다. 왜 그럴까요?

몇 가지 마음에 집히는 것이 있습니다. 첫째로, 김 집사가 신애를 '불행한 사람'이라고 단정하는 태도 때문인 것 같습니다. 실제로, 신애는 불행한 사람이었습니다. 하지만 그것은 본인이 인정해야 하는 것이지, 다른 사람이 판단할 수 있는 것은 아닙니다. 불행하리라고 추측하는 것은 자유지만, 누구도 다른 사람에게 "당신은 불행한 사람입니다"라고 말할 자격이 없습니다. 더구나, 처음 만나 인사를 나누는 자리에서 그렇게 말하는 것은 무례한 행동입니다. 신애가 착했으니 망정이지, 그렇지 않았다면, 첫 만남이 마지막 만남이 될 수도 있었습니다. 김 집사는 먼저 신애와 친해질 때까지 기다려야 했고, 그가 자신의 불행을 털어놓을 때까지 기다릴 수 있어야 했습니다.

둘째, 김 집사는 자신은 진리를 다 알고 있는 사람이며, 신애는 아무것도 모르는 사람이라는 전제에서 말한다는 느낌을 줍니다. 그는 나긋나긋하게 말하지만, 자신이 믿고 말하는 바에 절대적인 확신을 가지고 있습니다. 또한 자신이 믿는 세계를 보지도 믿지도 못하는 신애를 안타까이 여기는 마음이 김 집사의 표정에 역력합니다. 마치 '어떻게 그렇게 쉬운 문제도 이해하지 못하느냐?'고 어린아이를 나무라는 듯한 태도입니다. 그렇기 때문에 신애도 김 집사를 불편해합니다. 자신을 무지몽매한 사람으로 취급하는 사람 앞에서 기분이 좋을 리가 있겠습니까?

사실, 믿지 않는 사람들이 기독교인들을 불편해하는 이유 중 하나가 이 같은 태도 때문입니다. 나는 구원받은 사람이고 당신은 멸망할 사람이라는 전제, 나는 하나님의 자녀인데 당신은 사탄의 자녀라는 전제, 나는 하나님의 친구인데 당신은 하나님의 원수라는 전제, 나는 진리의 사람이고 당신은 진리를 알지 못하는 사람이라는 전제, 나는 모든 것을 환히 보는 사람이고 당신은 아무것도 보지 못하는 사람이라는 전제, 이런 전제들이 알게 모르게 기독교인들의 말과 행동에 배어 있습니다. 믿는 사람은 그것을 '확신'이라고 말하지만, 믿지 않는 사람들은 그것을 '오만'이라고 부릅니다.

이런 위험을 알았기에 베드로 사도는 이렇게 권고하였습니다. "여러분이 가진 희망을 설명하여 주기를 바라는 사람에게는, 언제나 답변할 수 있게 준비를 해 두십시오. 그러나 온유함과 두려운 마음으로 답변하십시오"(벧전 3:16). 김 집사의 행동은 아주 온유해 보입니다만, 그의 말하는 태도는 결코 온유하지 않습니다. 게다가, 두려운 마음은 전혀 보이지 않습니다. 왜 두려운 마음으로 전도하라고 했을까요? 구원의 진리를 잘못 전하지 않도록 두려운 마음으로 대하라는 뜻이 아닐까요? 나의 부주의로 인해 온 천하보다 더 귀하다는 한 영혼을 멸망하게 하지 않을까 하는 두려운 마음을 가지라는 뜻이 아닐까요? 그런데 김 집사에게서는 그런 태도가 전혀 보이지 않습니다.

●● 일방적인 김 집사

셋째, 누군가가 이미 만들어 놓은 전도 공식을 암기하여 전도하지 않는다는 점에서 김 집사는 달라 보입니다만, 그는 여전히 모범 답안을 제시하는 듯한 태도로 신애를 대합니다. 이 점에서, 김 집사는 많은 전도자들이 범하고 있는 오류를 공유하는 셈입니다. 그 오류란 첫째, 기독교는 답을 주는 종교이며, 둘째, 기독교인이 된다는 것은 그 답을 숙달하는 것이며, 셋째, 전도는 그 답을 알려 주는 것이라는 오류입니다. 게다가, 여기서 말하는 답들은 제기된 질문의 깊이에 비해 너무나도 단순하고 일차원적입니다.

가장 단순한 것이 정답일 가능성이 제일 높다는 일반 원리도 있습니다만, 하나의 답이 나오기까지는 배후에 많은 고민과 기도와 연구가 있었음에 분명합니다. 그런데 많은 사람들이 그 배경을 무시하고 정답만 숙달합니다. 그렇기 때문에 어떤 질문에 답을 제시하기는 하지만, 왜 그런 답이 나왔느냐는 반문 앞에서는 더 이상 할 말이 없습니다. 예컨대, "$6-X=2$"라는 방정식의 답이 4라는 것은 알지만, 왜 4가 나왔는지를 설명하지 못하는 사람과 같은 꼴입니다.

두 번째 약국 장면에서, 신애가 아들 준이의 죽음에 대해 질문하자, 김 집사는 "모든 일에는 다 주님의 뜻이 있어예!"라고 대답합니다. 이 대답이 일을 당한 당사자에게는 얼마나 황당하고 잔인한 대답인지, 김 집사는 아무 감각이 없어 보입니다. 대학생 또래의 아들을 에이즈로 잃은 어느 백인 부인을 만난 적이 있습니다. 아들이 병원에서 죽어가는데, 만나는 사람마다 "모든 것이 하나님의 뜻이야"라고 말하더랍니다. 그것이 매우 고통스러웠다고 합니다. 그분은 처음에는 그냥 묵묵히 참고 지냈는데, 어느 시점부터는 더 이상 참을 수가 없어서 그렇게 말하는 사람들에게마다 정색을 하며 "아닙니다. 그렇지 않습니다"라고 응수했다고 합니다.

고난에 대해 논하는 앞 장에서 지적한 바 있지만, 우리는 고난을 끌어안고 그 심장을 통과한 후에야 비로소 "고난을 당한 것이, 내게는 오히려 유익하게 되었습니다"(시 119:71)라고 말할 수 있으며, 그렇게 한 후에야 주님의 뜻에 대해 조심스럽게 말할 수 있습니다. 더구나, 고난의 의미는 다른 사람이 말해 줄 수 있는 것이 아닙니다. 고난당하는 사람이 스스로 깨닫는 것입니다. 그럴 때 그 고백은 엄청난 힘을 발휘합니다. 그러므로 "고난에도 하나님의 뜻이 있다"는 말은 분명히 정답입니다. 하지만 그 정답을 함부로 말해서는 안 됩니다. 고난당한 사람이 스스로 문제를 풀어 그 정답에 이르러야 합니다. 전도에 열심을 가진 사람들은 이런 문제를 별로 고민하지 않습니다. 그 덕에 기독교 사상이 다른 종교 사상에 비해 격이 한참 떨어지는 것처럼 인식되어 있습니다.

넷째, 신애의 감정을 김 집사가 전혀 배려하지 않는다는 점도 저를 불편하게 했습니다. 첫 번째 만남에서, 김 집사의 무신경한 말에 신애의 표정이 여러 번 바뀝니다. 하지만 김 집사는 전혀 신경 쓰지 않습니다. 이야기 중에 신애가 밖을 내다보고 당황한 표정으로 아들을 찾을 때에도 김 집사는 아랑곳하지 않고 자기 하고 싶은 말만 계속합니다. 두 번째 만남에서도 마찬가지입니다. 김 집사를 마주보는 신애의 눈빛과 표정은 여러 번 바뀝니다만, 김 집사는 그 표정 변화에 한 번도 눈길을 주지 않고, 자신이 하고 싶은 말만 하고 있습니다. 두 번의 만남에서, 김 집사는 신애를 만나고 있지만, 실은 독백을 하고 있지, 신애와 대화를 했다고 할 수 없습니다.

거리에 서서 지나가는 사람들에게 "예수 천당, 불신 지옥"을 외치는 현대판 세례 요한들도 일방적이지만, 신애를 앞에 둔 김 집사도 그에 못지 않게 일방적입니다. 상대방과 '대화'하고 있다고 하지만, 상대방의 감정 변화에 눈길 한 번 주지 않고 자기가 하고 싶은 말만 하고 있으니 말입니다. 그는 신애에게 필요한 것이 무엇인지 다 알고 있다는 태도입니다. 들어볼 것도 없고, 살펴볼 것도 없다는 입장입니다.

다섯째, 김 집사의 인위적인 표정과 몸짓이 저를 불편하게 했던 것 같습니다. 신애를 대하는 김 집사의 표정과 태도는 다양하게 변합니다. 친절하게 웃을 때도 있고, 애처롭게 아픔을 공감하는 표정을 지을 때도 있고, 딱하다는 듯한 표정을 지을 때도 있습니다. 그런데 그 표정과 행동이 자연스럽지 못하고, 과장처럼 느껴집니다. 신애에게 친절을 보일 때, 그 친절이 신애를 녹이기 위해서 과장하는 것처럼 보입니다. 애처롭게 신애를 바라볼 때, 그 표정에서도 지나친 동정심이 엿보입니다. 손짓과 몸짓에서도 작위적인 냄새가 납니다.

●● 거꾸로 가는 교회

너무 트집만 잡은 것 같아 죄송한 마음입니다. 제가 이렇게 야박하게 비판하는 이유는 김 집사가 우리 기독교인들의 전형적인 모습을 보여 준다고 생각했기 때문입니다. 물론, 저도 예외는 아닙니다. 저는 의식적으로 그렇게 행동하지 않기 위해 노력하지만, 늘 성공하는 것은 아닙니다. 김 집사의 모습이 제게도 분명히 있습니다. 그러니 저 자신을 성찰한다는 뜻에서 꼼꼼히 따져 본 것입니다.

반문을 제기하는 독자도 있을 것입니다. "그러면 어떡하란 말입니까? 그냥 보고만 있을 수는 없지 않습니까?" 지당한 말씀입니다. 하나님의 사랑을 경험한 사람이라면, 신애 같은 사람에게 어떻게든 도움의 손길을 뻗어야 합니다. 앞에서도 말했다시피, 신애를 전도하려는 김 집사의 열정은 저를 부끄럽게 만듭니다. 하지만 열정이 강하다고 해서 모든 것이 용서되지는 않습니다. 오도된 열정은 오히려 더 위험합니다.

앞에서 지적한 다섯 가지 문제점은 전도자들만의 문제가 아니라 한국 교회 전체의 문제라 할 수 있습니다. 다시 한 번 정리해 보겠습니다.

1. 판단하고 단정하는 태도
2. 오만
3. 즉답을 제시하려는 조급증
4. 일방통행(듣기보다 말하기)
5. 과장, 인위, 지나침

만일 이것이 한국 교회의 보편적인 문제라면, 한국 교회의 영성이 예수 그리스도의 영성에서 얼마나 멀리 떨어져 있는지를 알 수 있습니다. 성경이 우리에게 가르치는 그리스도인의 모습에서 멀리 떨어져 있기 때문입니다. 예수님은 이 다섯 가지에 정확히 반대되는 덕목을 제시하시고 또 육화하셨던 분입니다.

1. 공감하고 함께 아파하는 태도
2. 겸손
3. 스스로 깨닫고 돌아서기를 기다리는 인내심
4. 쌍방통행(말하기보다 듣기)
5. 단순, 소박, 절제

놀라운 것은 이 영화의 등장 인물 가운데 종찬이 이 다섯 가지 덕목을 체화하고 있다는 점입니다. 가장 믿음이 좋아 보이는 김 집사는 성경의 덕과 정반대로 말하고 행동하는데, 아무 생각 없이 습관적으로 교회에 다니는 종찬이 오히려 성경의 덕을 실천하고 있으니, 이 얼마나 큰 아이러니입니까? 만일, 그 많은 예배와 성경 공부와 교회 활동이 성경적인 덕을 실천하도록 이끌지 못한다면, 교회는 제 구실을 하지 못하고 있다는 뜻입니다. 이보다 더 엄중한 경고가 어디 있겠습니까?

•• 미풍처럼 다가가라

제가 전도에 대해 권위자처럼 말할 입장은 아닙니다. 그러므로 "전도는 이렇게 해야 한다"라고 어떤 대안을 제시할 엄두를 내지 못하겠습니다. 그런 대안을 가지고 있지도 않습니다. 다만, 최근에 릭 리처드슨(Rick Richardson)이 그의 책 「스타벅스 세대를 위한 전도」(*Reimagining Evangelism*, IVP)에서 제안한 '영적 여행으로의 초대'를 한 가지 대안으로 주목하고 있을 뿐입니다. 이 전도 방법은 1) 먼저 전도하려는 사람과 관계를 심화시키고, 2) 한 번에 결신을 얻으려고 하기보다는 여러 가지 방법으로 영적 여행에 초청하고, 3) 영적 여정에서 경험한 것들을 진솔하게 나눔으로 함께 성장해 가기를 힘쓰도록 안내합니다. 그러므로 이것은 실은 전도 '방법'이라고 하기 어렵습니다. '삶 속에서의 전도'라고 할까요 혹은 '전도의 삶'이라고 불러야 할까요?

한국 교회에서 자란 사람들에게 이것은 일종의 패러다임 전환을 요청합니다. 그 동안 믿고 생각해 오던 방식으로는 이러한 전환이 불가능합니다. 뭐니 뭐니 해도 가장 큰 문제는 우리의 신관(神觀)에 있습니다. 하나님을 비밀 햇볕이 아니라 불타는 햇볕으로, 미풍이 아니라 태풍으로 믿는 믿음 때문입니다. 우리의 하나님은 너무나 빠르고 급하며 강합니다. 신관은 그 사람의 삶의 방식을 결정합니다. 하나님이 빠르고 급하며 강하신 분이라고 믿는 사람은 또한 그렇게 행동합니다.

그러한 신관에서는, 기도를 해도 조용히 머물러 기다릴 줄을 모릅니다. 사생 결단을 해서라도, 혹은 울고 불고 떼를 써서라도, 신속하게 결과를 보려 합니다. 순간적으로 뭔가 급격하게 변화되어야만 하나님의 역사라고 생각합니다. 조용히, 점진적으로 변화하는 것은 '자연히' 그렇게 되는 것이지 하나님이 하시는 것이 아니라고 생각합니다. 그러다 보니 전도에서도 전투적이며 조급하고 기다릴 줄 모릅니다. 처음 만난 자리에서 결판을 내고 싶어합니다. 하나님이 역사하시기만 한다면, 마땅히 그런 사건이 일어나야 한다고 생각합니다. 종말론적 '긴박성'을 가지고 살아가는 것은 마땅한 일인데, 우리는 그것을 종말론적 '조급성'으로 바꾸어 버렸습니다.

예수님이 드러내신 하나님은 특별한 경우를 제외하고는 비밀 햇볕같이 혹은 미풍같이 활동하신다는 사실을 다시금 강조하는 바입니다. 그 하나님은 급격하게, 강렬하게, 신속하게, 요란하게 활동하기도 하시지만, 그분의 역사는 조용하게, 부드럽게, 천천히, 속삭이듯, 은밀하게 이루어집니다. 그러므로 우리는 하나님의 보폭에 걸음을 맞추고, 하나님의 음계에 귀를 조율시키고, 하나님의 시간에 우리를 맞춰야 하겠습니다. 이것은 아주 힘든 일입니다. 조용히 머물러 기다리는 것이 펄펄 뛰며 활동하는 것보다 더 어렵습니다. 훨씬 더 어렵습니다. 분주하게 동분서주하는 데 익숙해 있는 탓에 잠시 동안이라도 가만히 있지 못합니다. 그러므로 환골탈태하는 인내와 고통이 없이는 우리의 신관이 바뀌지 않을 것이고, 신관이 바뀌지 않는 한, 우리의 행태도 바뀌지 않을 것입니다.

•• 필요하면 말이라도 사용하라

아시시의 프란체스코가 이런 말을 했다고 합니다. "때를 얻든지 못 얻든지 전도하라. 필요하다면 말도 사용하라." 베드로 사도는 믿지 않는 남편을 둔 아내들에게 이렇게 권고합니다. "아내가 된 이 여러분, 이와 같이 여러분은 자기 남편에게 순복하십시오. 그리하면 비록 말씀에 복종하지 않는 남편일지라도, 말을 하지 않고도 아내 여러분의 행실로 말미암아 구원을 얻게 될 것입니다"(벧전 3:1). 전도할 때 말을 앞세우지 말라는 뜻입니다. 전도에서 가장 중요한 것은 그 사람을 위한 간절한 기도입니다. 그 다음으로 중요한 것은 그 사람과 좋은 관계를 맺는 일입니다. 전도 실적을 올리기 위한 대상으로 만나는 것이 아니라, 인간 대 인간으로서 만나 진정한 관계를 세워 가는 것이 필요합니다. 그 사람을 위해 기도하고, 두 사람 사이에 진정한 인격적 관계가 이루어진 다음에야 말이 필요합니다.

말은 참 중요합니다. 전도에서도 말은 강력한 도구입니다. 하지만 기도와 인격적 관계가 뒷받침될 때, 말은 더욱 강력한 도구가 됩니다. 그것이 없는 상태에서 말은 때로 무익하고, 해롭습니다. 그러므로 전도의 열심이 마음을 흔들 때, 먼저 침묵하라고 권하고 싶습니다. 공식처럼 외운 전도법으로 전도하려는 의욕이 생길 때, 차라리 침묵하라고 권하고 싶습니다. 말 없이, 마음으로 다가가, 눈빛으로 먼저 말하라고 권하고 싶습니다. 그렇게 때가 무르익기를 기다려도 늦지 않습니다.

혹시, "그렇게 해서 당신은 몇 명이나 전도했느냐? 그렇게 느긋하게 기다리다가 다 죽으면 그 책임을 어떻게 하겠느냐?"라고 반문하고 싶을지 모릅니다. 그렇습니다. 제가 지금 말하는 태도가 전도를 회피하는 핑계거리로 오용될 수 있음을 인정합니다. 하지만 종말론적 조급증에 빠져 서두르느라 한 명을 얻는 대신 아홉 명을 기독교에 등지게 만든다면, 그것은 더 큰 잘못이라고 생각합니다. "때를 얻든지 못 얻든지 항상 말씀을 전파하라"는 디모데후서 4:2은 전도에 관한 권고라기보다는 설교하고 가르치는 것에 대한 말씀으로 보아야 합니다. 이 말씀을 오역하여, 상황을 고려하지 않고 열심에만 붙들려 전도하는 것은 바람직하지 않습니다. 전도는 꼭 해야 하지만, 전도할 때 많은 기도와 지혜가 필요하다는 점도 인정해야 할 것입니다.

김 집사의 모습이 우리를 부끄럽게 합니다. 그것이 바로 저의 모습이요, 한국 교회의 모습이기 때문입니다. 이 초상 앞에서 우리 모두 대오각성해야 하겠습니다. 믿음이 좋다고 생각했지만, 실은 성경적인 가르침에서 너무나 멀리 벗어나 있었던 김 집사가 바로 저와 당신이라는 사실을 인정하고 회개해야 하겠습니다. 주님을 위한다고 생각하고 행동했던 것들이 실은 주님을 오해하게 하고 욕되게 했다는 자각을 하면서, 두려움으로 떨어야 하겠습니다. 주님이 우리 모두를 불쌍히 여겨 주시기만을 기도할 뿐입니다.

기도

오, 주님,

저희를 불쌍히 여기소서.

저희가 잘못 믿어 왔습니다.

저희 멋대로 믿어 왔습니다.

저희에게 자비를 베푸소서.

주님의 모습을 새롭게 보여 주소서.

저희가 믿고 싶은 대로 믿지 않게 하시고

주님의 모습 그대로 믿고 살아가게 하소서.

저희의 마음에 전도의 열정이 차오를 때

먼저 저희를 침묵시키소서.

진실로 사람을 사랑하게 하시고

기도하게 하시며

입을 열어 말할 때

참 말을 붙여 주소서.

예수님의 이름으로 기도합니다.

아멘.

◎ **토의를 위한 질문**

❶ 전도와 관련하여 그 동안 겪은 경험을 생각해 보십시오. 김 집사의 모습과 닮은 점이 있다면 무엇인지 나누어 보십시오.
❷ 김 집사의 모습에서 본 다섯 가지 특징 중에 당신에게도 있는 모습은 없습니까? 스스로 평가해 보십시오.
❸ 가장 바람직한 전도는 어떤 것이라고 생각하십니까? 전도한 경험 혹은 진도받은 경험을 이용하여 설명해 보십시오.
❹ 당신의 신관은 어떻습니까? 비밀 햇볕 같은 하나님을 믿으면 무엇이 어떻게 바뀔까요?

6장
연극을 끝내라—인생

●● 연극 속으로

이 영화의 주인공은 신애입니다. 영화의 처음부터 끝까지 신애는 보는 이의 마음을 아리게 합니다. 홀로 남겨진 엄마로서 신애의 삶은 참으로 힘겨워 보입니다. 카메라가 그의 등 뒤를 비추고 있노라면, 뭔가 또 다시 그의 등을 칠 것만 같아, 아슬아슬했습니다. 관객으로서 저는, 아들 준이 희생된 다음에야 비로소 등을 의자에 기대고 볼 수 있었습니다. 이제 신애가 당할 더 큰 아픔은 없을 것이라는 생각 때문이었습니다. 하지만 준을 잃고 나서 그가 겪는 일들은 또 다른 면에서 우리의 마음을 쓰리게 합니다. 이렇게 불편한 영화가 대중적인 성공을 거두었다는 것은 이례적인 일이 아닐 수 없습니다.

신애를 생각하면, 안타깝고 안쓰럽고 불쌍합니다. 그래서 이 영화를 처음 보고 났을 때, 그에 대한 동정심만이 마음에 가득했습니다. 그런데 두 번, 세 번, 영화를 반복해 보면서, 점차로 신애를 객관화시켜 보게 되었고, 그러면서 신애의 불행을 분석해 보았습니다. 신애의 인물 설정에 대해 생각해 보았습니다. 제가 보기에, 신애는 자신이 만든 연극 속에 사는 사람으로 그려져 있습니다. 그가 현실의 생을 살고 있었다기보다 스스로 만든 연극 속에서 살고 있었다는 사실은 이야기의 흐름 속에서 아주 분명하게 드러납니다.

여기서 잠깐, 제가 '연극'이라는 말을 어떤 의미로 쓰고 있는지를 설명하고 넘어가야 오해가 없을 것입니다. 셰익스피어가 "세상은 연극 무대이고, 모든 인간은 그 무대 위에 선 배우다"라고 말했을 때, 그는 인생을 연극에 비유했습니다. 연극 속에서 보게 되는 희로애락이 실제 인생 안에 존재한다는 뜻입니다. 실로, 누구의 인생이든, 그 안에는 연극적인 요소들이 가득합니다. 목회를 하면서 사람들을 깊이 만나 지나온 인생 이야기를 듣다 보면, 연극도 그런 연극이 없고, 소설도 그런 소설이 없다 싶을 때가 많습니다. 실로, 인생은 한 편의 연극과 같습니다.

제가 여기서 말하는 연극은 '가짜'라는 부정적인 의미입니다. '현실에 사는 것'에 반대되는 개념입니다. 자기가 살고 싶은 가상의 세계를 꾸며 놓고, 자기가 되고 싶은 가상의 인물을 만들어 놓고, 마치 그런 사람이 되어 그런 세상에 사는 것처럼 살아가는 것을 저는 '연극'이라고 부릅니다. 사실, 누구나 어느 정도의 연극을 하고 살아간다고 할 수 있습니다. 하지만 정도가 지나친 사람들을 자주 만납니다. 가상의 세계에서, 자신이 아닌 사람으로서, 거짓과 위장으로 하루 하루를 때우며 살아가는 사람들이 의외로 많습니다. 그들은 그 연극 안에서 잠시 동안의 기쁨과 안식과 위로를 얻습니다만, 실은 그 연극을 빠져 나와 현실을 직면하지 않는 한, 참된 희망은 없습니다. 신애의 경우가 그러했습니다.

사고로 죽은 남편이 다른 여자와 바람을 피우고 있었다는 사실이 나중에 드러났습니다. 정상적인 사람이라면 남편에게 배신감을 느끼고, 남편과 관련된 모든 것이 진절머리 나도록 싫었어야 합니다. 하지만 신애는 그 모든 사실을 부정하고, 남편이 자신만을 사랑하다가 갔다고 스스로를 속입니다. 친정 부모의 반대를 무릅쓰고 남편의 고향 밀양으로 내려온 것도 그런 까닭이었고, 동네 사람들에게 은근히 열녀 혹은 현모양처인 것처럼 흘리고 다니는 것도 연극의 일부였습니다. 신애가 밀양으로 내려온 것은 아마도 연극을 하기에 가장 적당해서였는지 모릅니다. 그를 아는 사람들이 아무도 없으므로, 무엇이든 그가 꾸미는 대로 현실이 될 것처럼 생각했을지 모릅니다.

신애가 '있어 보이기' 위해서 복부인 행세를 하고 다닐 때, 그의 연극은 위험 수위에 이릅니다. 그는 돈 많은 사람 행세를 하면서 실제로 땅을 살 것처럼 행동합니다. 만나는 사람에게마다 좋은 땅이 있으면 소개해 달라고 부탁합니다. 은행에 있는 돈은 고작 470만원 뿐이면서 말입니다. 남동생이 집으로 찾아 왔을 때, 그를 데리고 땅을 보러 갑니다. 개발 예정지를 보고는 실제로 투자할 사람처럼 행동합니다. 동생이 어이가 없다는 듯, "뭐하는 거야, 누나?"라고 묻습니다. 그러자 신애는 재미있다는 표정을 짓습니다. 한 때, 그는 계약 직전까지 가기도 합니다.

있어 보이려면 철저해야 한다고 생각했던 것 같습니다. 이런 그의 행동으로 인해 동네 부인들 사이에서 신애는 부러움의 대상이 되었습니다.

엄밀하게 보면, 신애의 연극이 아들 준의 생명을 앗아갔습니다. 빚에 쪼들리던 학원 원장이 신애의 돈을 탐하여 준을 유괴한 것입니다. 그의 연극이 도에 지나쳤던 것입니다. 하지만 신애는 아들이 죽은 이유를 두고 하나님께 따져 묻습니다. 하나님이 사랑의 하나님이라면, 왜 자기 아들을 죽도록 내버려 두었느냐고 질문합니다. 세상에, 하나님처럼 억울한 분도 없을 것입니다. 사람들은 너 나 할 것 없이 어려움에 닥치면 하나님 탓을 하기 때문입니다. 실은 자신이 만들어 놓은 올무에 걸려든 것인데도 말입니다. 신애가 '있어 보이려고' 연극을 하지 않았더라면, 준에게는 아무 일도 일어나지 않았을 것입니다.

•• 연극에 몰두하는 신애

이 즈음에서, 아들의 죽음을 애도하면서, 신애는 연극을 끝냈어야 합니다. 그런데 그 이후에 신애의 연극은 오히려 더 심각해집니다. 그는 그 연극에 신앙을 끌어들입니다. '상처받은 영혼을 위한 기도회'에 참여한 신애는 잠시 잠깐 스쳐 지나가는 감정적인 변화를 하나님의 치유로 받아들이고, 홀로 있을 때는 암흑 속에서 헤매면서도 사람들 앞에서는 빛을 찾은 사람처럼 행동합니다. 심지어, 믿지 않는 사람들에게 자신의 변화를 간증하며 전도하기도 합니다. 역전에서 찬양하며 전도하는 모임에도 참여합니다. 교회 사람들은 그의 연극에 매료되어 갑니다.

앞에서도 지적했듯이, 신애가 하나님의 치유를 받은 것처럼 스스로를 속인 이유는, 그렇게 함으로써 견디기 어려운 고통으로부터 벗어나고 싶었기 때문이었을 것입니다. 그렇게라도 하지 않고는 죽을 것 같았기 때문에 그렇게 행동했을 겁니다. 그러므로 이것 하나만을 두고서 "신애가 연극을 했다"고 말할 수는 없습니다. 신애는 아들을 잃는 아픔을 당하기 이전에도 인생을 연극처럼 살았습니다. 그 연극적 삶이 그의 신앙 생활에까지 연장되었다고 할 수 있습니다. 연극 속에서 살기로 선택한 사람에게는 모든 것이 연극의 소재가 됩니다. 그래서 어느 한 순간도 진실해지지 못합니다. 그것이 신애의 문제였다 할 수 있습니다.

신애는 마침내 그 연극을 절정으로 끌어올릴 계획을 세웁니다. 교도소에 있는 도섭을 찾아가 용서해 주겠다고 결심한 것입니다. 여기서 다시, 제가 섬기는 교회의 교우 이야기를 나누어야 하겠습니다. 첫 아이를 교통사고로 잃은 그 교우는 장례를 마친 얼마 후, 사고를 낸 당사자를 불렀다고 합니다. "우리가 당신을 용서한다"고 말해 주기 위해서였습니다. 사고를 낸 사람도 교회의 집사였습니다. 물론, 마음으로는 아직 용서가 되지 않았습니다. 하지만 증오심을 마음에 품고 살기가 더 어렵게 느껴졌습니다. 진심으로 용서할 준비는 되어 있지 않았지만, 용서한다는 말이라도 해야만 숨을 쉴 수 있을 것 같아서 그렇게 했다고 합니다. 그러면서, 신애도 그런 심정으로 도섭을 찾아가지 않았을까라는 의견을 제게 주셨습니다.

한 사람의 행동에는 여러 가지 동기가 복합적으로 작용할 수 있습니다. 신애도 어서 빨리 증오심의 짐을 벗고 싶은 마음이 있었을 것입니다. 하지만 신애의 인물 설정과 이야기의 전체적인 흐름과 저자가 이곳 저곳에 숨겨 놓은 복선을 감안해 본다면, 신애의 경우에는 그것보다 더 큰 동기가 있었음에 분명해 보입니다. 도섭을 찾아가 용서를 해 줌으로써 한 편으로는 마음의 짐을 내려놓고, 다른 한 편으로는 지금까지 해 오고 있는 연극을 절정으로 끌어 올리기를 기대했을 것입니다. 그렇게 보아야만 이후의 신애의 행동이 설명될 수 있다는 것이 제 생각입니다.

"아들을 죽인 범인을 용서하다!" 이 얼마나 대단한 일입니까? 신문에 대서특필되고, 다큐멘터리로 다룰 만한 일입니다. 그것이 알려지면 간증하러 불려다니기에 정신이 없을 것입니다. 신애는 그 '믿음의 이적'에 도전합니다. 듣는 사람들마다 놀라며 말립니다만, 신애는 굳이 교도소까지 찾아가 용서하겠다고 고집을 부립니다. 이렇게 고집을 부리는 신애에게 종찬이 아주 중요한 대사를 던집니다. "마음으로 용서하면 됐다 아입니꺼? 교도소 면회까지 가, 용서한다는 말까지 하고…그럴 필요까지 있냐 이기지예. 뭐 신애 씨가 성자도 아니고…."

종찬의 말에는 신애의 숨겨진 의도가 드러나 있습니다. 신애는 열부와 현모양처로, 믿음 좋은 여인으로 그리고 이제는 성녀로서의 연극에 도전하고 있는 셈입니다. 그에게는 박도섭을 용서할 마음의 준비가 전혀 되어 있지 않았습니다. 그의 마음에는 여전히 증오심이 불타고 있었습니다. 신애가 기대한 것은, 박도섭이 비참한 모습으로 자신 앞에 서서, 용서한다는 자신의 말에 눈물 콧물로 감사하는 것이었을지 모릅니다. 알고 보면, 신애는 그렇게 하여 통쾌한 복수를 하고 싶었던 것일지도 모릅니다. 그것은, 실은 은밀한 복수극이었지만, 사람들로부터는 성녀로 인정받을 수 있는 기가 막힌 연극이었습니다.

•• 신애의 연극을 방해하신 하나님

그런데 전혀 예기치 않은 일이 일어납니다. 자신 앞에서 비참하게 깨어져 용서를 빌어야 했을 박도섭은 너무나도 평화스러운 표정으로 하나님께로부터 받은 용서를 고백했습니다. 눈물로 빌었어야 했을 그는 미소로 감사를 표했습니다. 이 상황에 신애는 분노했습니다. 그 분노가 얼마나 컸던지, 그는 교도소 마당에서 그만 기절하고 말았습니다. 왜 그의 분노가 이렇게 컸습니까? 그가 이제까지 연기해 온 연극이 무참히 짓밟혀 버렸기 때문이 아닙니까? 그의 은밀한 복수극이 좌절되어 버렸기 때문이 아닙니까? 공들여 연기해 온 연극이 그만 클라이맥스 직전에 파장났기 때문이 아닙니까?

정신을 차리고 난 신애는 자신의 연극을 망가뜨린 하나님께 복수를 시작합니다. 신애가 예배당에 가서 행패를 부리고 난 후, 목사와 교인들이 신애의 집에 심방하러 간 장면에서 신애의 심정이 잘 표현되어 있습니다. 심방 온 교인들을 앞혀 놓고도 신애가 아무 말이 없자 목사는 거기 모인 사람들에게 이신애 씨를 위해 함께 기도하자고 제안하고 곧 기도를 시작합니다. 목사가 기도 중에 신애가 원수를 진정으로 용서할 수 있도록 도와 달라고 말하자, 신애는 울컥 하더니 입을 엽니다. "용서를 해요? 어떻게 용서를 해요? 용서하구 싶어두, 난 할 수가 없어요. 그 인간이 벌써 용서받았대요. 하나님한테! 그래서 마음에 평화를 얻었대요.…이미 용서를 얻었는데, 내가 어떻게 다시 용서를 해요? 내가 그 인간을 용서하기도 전에 어떻게 하나님이 먼저 용서할 수 있어요? 난 이렇게 괴로운데, 그 인간은 하나님의 사랑으로 용서받고 구원받았어요. 어떻게 그러실 수 있어요? 왜, 왜?"

그 이후로, 신애는 야외 부흥회를 방해하는 것으로, 강 장로를 유혹하는 것으로, 철야 기도회를 방해하는 것으로 하나님께 복수를 시도합니다. 하지만 그 복수조차도 마음대로 되지 않습니다. 하나님 때문에 강 장로를 유혹하는 데 실패합니다. 그는 마침내 자신의 목숨을 끊어버림으로써 복수하려 했지만, 끝까지 고통을 견딜 용기도 없었습니다. 또 하나님은 막다른 골목에서 원수의 딸과 마주치게 만들어, 끊임없이 신애의 삶에 참견하고 개입합니다. 처음에는 "좋아, 보기 좋게 당신에게 복수하겠어!"라는 눈빛으로 하늘을 응시하던 신애는, 점점 지쳐 가면서 "왜 이렇게 나를 졸졸 좇아다니며 못 살게 구는 겁니까? 제발 저를 그냥 내버려 두세요!"라는 눈빛으로 하늘을 응시합니다.

이렇게, 하나님과의 투쟁에서 점점 지쳐 가면서, 신애는 점차 일상으로 돌아갑니다. 연극 무대에서 내려와 있는 그대로 자신의 현실을 받아들이기 시작합니다. 신애가 현실을 받아들이기 시작했다는 사실을 암시하는 장면이 몇 개 있는데, 그 중 하나가, 머리를 자르다 말고 미장원을 뛰쳐 나온 후에 옷가게 주인을 만나는 장면입니다. 옷가게 주인은, 정신 병원에서 퇴원한 신애를 반갑게 맞으며 안부를 묻다가, "아니, 머리가 이게 뭐야?"라고 묻습니다. 신애가 "머리 자르는 것이 마음에 안 들어 중간에 나와 버렸어요"라고 대답하자, 가게 주인이 "미쳤는가 봅다!"라고 응수합니다. 이 말 끝에 그 여주인은 깜짝 놀라 자신의 입을 틀어 막습니다. 신애가 진짜로 미쳤었기 때문입니다. 말 실수를 깨닫고 어쩔 줄 몰라 하는 가게 주인에게 신애는 멋쩍은 웃음으로 응수하다가, 나중에는 함께 박장대소를 합니다. 자신이 미쳤었다는 현실을 받아들인 것입니다.

●● 현실을 직면하게 하시는 하나님

이 영화에서 하나님은 신애의 연극을 방해하는 분으로 나타납니다. 하나님이 신애의 아들 준의 살해를 계획하신 것은 아닙니다만, 그 비극에 담긴 어떤 신비로운 뜻이 있다면, 그것은 다름 아니라, "연극을 멈추고 현실을 보라!"는 메시지가 아닐까 싶습니다. 신애는 불행하게도 남편의 죽음을 통해서도, 그리고 아들의 죽음을 통해서도, 현실을 보기를 거부했습니다. 그는 자신이 연출한 연극의 여주인공으로, 영원히 자기 맘대로 살려 했습니다. 고통이 커질수록 더욱 현실을 외면하고 연극에 몰두하려 했습니다. 하지만 하나님은 끝내 신애의 연극을 망쳐 놓고 그녀를 현실로 끌어 내셨습니다.

연극이 깨졌을 때, 신애는 엄청난 충격과 고통에 휩싸였지만, 이 영화의 마지막은, 그것이 바로 신애에게 비밀스러운 축복이라는 암시를 던져 줍니다. 자신이 꾸민 아름답고 환상적인 연극 무대에서 내려와, 때론 비참하고 고통스럽고 귀찮고 짜증스럽게 느껴지는 현실로 나오는 것이 축복이요 구원이라는 암시입니다. 하나님은 갑작스러운 치유와 기적을 통해 신애를 구원하시지 않았습니다. 정반대로, 신애가 언제까지고 머물고자 했던 연극을 고통스럽게 깨뜨려 버림으로써 그를 구원하십니다. 초라하고 힘겨운 현실에 눈을 뜨고 그 현실에 맞게 살아가는 삶을 통해 구원을 찾으라는 것입니다. 아무리 아름답고 황홀해도 연극은 가짜이며, 아무리 초라하고 힘겨워도 현실이 진짜라는 것입니다.

"신애를 너무 나쁘게 보는 것 아니냐?"라는 질문을 던질 독자들도 있을 것입니다. 사실, 저에게도 신애를 나무랄 뜻은 없습니다. 그가 연극에 빠져 산 것은 그 자신의 선택이 아닐 수도 있기 때문입니다. 성장 과정에서 그렇게 되었을지도 모릅니다. 현실을 부정하고 자기가 꾸민 세계 속으로 피하지 않으면 안 될 상황 속에서 자라났을 가능성이 있습니다. 그것이 신애로 하여금 현실을 견디게 하는 유일한 방법이었을지도 모릅니다. 그렇다고 해서 신애에게 아무런 잘못이 없는 것도 아닙니다. 연극에 빠져 사는 동안 자신이 그것을 의식하지 못했을 리 없기 때문입니다. 연극을 멈춰야 하는 줄은 알았지만, 그 안에서 머물고 싶은 욕구가 더 컸을 것입니다.

우리 인생을 향한 하나님의 의도는 현실을 떠나서 연극 속으로 도피하라는 것이 아닙니다. 현실을 외면하고, 자신이 만든 각본 속에 들어가 스스로 만든 역할 속에 빠져 살지 말라는 것입니다. 자신에게 없는 뭔가를 가지고 있는 듯이 가장하지 말고, 자신이 아닌 뭔가가 된 것처럼 가장하지 말라고 하십니다. 아무리 받아들이기에 어려워도 받아들일 것을 받아들이라고 하십니다. 나 자신에게 진실하고, 내 처지에 진실하고, 내 신앙에 진실하고, 내 입장에 진실하라고 하십니다. 그럴 때 구원의 '비밀 햇볕'이 깃들 것입니다.

•• 부자 청년의 연극

자신이 연출한 연극 속에서 살다가 깨어난 사람의 예를 성경에서 찾아본다면, 예수님을 만났던 한 부자 청년을 생각해 볼 수 있습니다. 그 동기와 성격에서 신애의 연극과는 차이가 있지만, 자신의 믿음을 자기 기만의 수단으로 사용했다는 점에서 비슷하다고 볼 수 있습니다.

그는 예수님께 묻습니다. "선생님, 내가 영원한 생명을 얻으려면, 무슨 선한 일을 해야 합니까?"(마 19:16). 예수님은 "네가 생명에 들어가기를 원하면, 계명들을 지켜라"라고 대답하십니다. 그러자 그 청년은, "계명이라고 했나요? 어떤 계명을 말씀하시는 겁니까?"라고 묻습니다. 그런 것쯤이라면 자신 있다는 투였습니다. 예수님은 십계명의 일부를 언급하십니다. 그 청년은 회심의 미소를 지으면서, "그런 거라면 문제 없습니다. 저는 그 모든 계명들을 다 지켰습니다. 그러면 되었습니까? 제게 필요한 것이 또 없습니까?" 그러자, 예수님은 이렇게 답하십니다. "네가 완전한 사람이 되려고 하면, 가서 네 소유를 팔아서, 가난한 사람에게 주어라. 그리하면, 네가 하늘에서 보화를 차지하게 될 것이다. 그리고, 와서 나를 따라라." 이 말씀을 듣고 그 부자 청년은 "근심을 하면서 떠나갔다"(22절)고 기록되어 있습니다.

이 대화에서 우리는 예수님의 냉엄한 면을 봅니다. 잘 구슬러서 말씀하셔도 되었을 것 같은데, 예수님은 그의 숨겨진 약점을 아프게 찌르십니다. 부자 청년은 스스로 믿음 좋은 사람이라고 생각했습니다. 사람들로부터 그렇게 인정받고 싶었습니다. 그는 계명을 지켜 가면서 하나씩 하나씩 의를 쌓아 갔습니다. 그의 관심은 숨어 계시는 하나님이 아니라 자신을 지켜 보는 사람들의 눈이었습니다. 그러므로 헌신적인 그의 신앙 생활과는 달리, 그의 내면에는 하나님에 대한 참된 믿음이 없었음이 분명합니다. 영생을 얻는 방법을 묻는 그의 의도는 참된 믿음에 이르려는 열망 때문이 아니었을 것입니다. 이 세상에서도 잘 살고 저 세상에서도 잘 살고 싶은 탐욕 때문이었을 것입니다. 참된 믿음이란 하나님과의 관계를 통해 욕망이 정화되고 비워지는 것인데, 그는 그 욕심을 그대로 안고 믿음의 힘으로 내세의 축복까지 확보하고 싶었습니다.

예수님은 그 부자 청년의 연극을 멈추십니다. 그는 "모든 재산을 팔아 나누어 주고 나를 따라라"는 말씀 앞에서, 신애처럼 무너져 버렸습니다. 예수님이 그 청년에게 하시고자 하는 말씀은 이런 것입니다. "네 자신을 똑바로 보라. 네가 지금 가지고 있는 그 신앙적인 자만을 내려놓아라. 너는 많은 종교적인 허울로 위장하고 있지만, 나를 속일 수는 없다. 너는 가짜다! 네 가면을 벗어라. 하나님 앞에서 연극하려 하지 말라. 네 허위를 벗어라. 네 안에 있는 탐욕을 인정하라. 네 자신에게 정직해라. 돌아가, 깨어져 울어라. 그렇지 않고는 희망이 없다."

이 말씀을 듣고, 그 청년은 슬퍼했다고 합니다. 연극을 끝내는 것이, 가면을 벗는 것이, 그리고 자신에게 진실해지는 것이 그에게는 너무도 어렵고 힘들어 보였을 것입니다. 이제 와서 돌이키기에는 너무도 잃을 것이 많았습니다. 자신의 허위를 내려놓는 것이 그에게는 너무도 고통스럽고 수치스러운 일이었습니다. 그래서 슬퍼했을 것입니다. 그 이후의 이야기가 어찌 되었는지 모르지만, 어쩐지 그 부자 청년이 마침내 위선과 가식과 허위의 가면을 벗어 버리고 예수님께 돌아왔을 것 같은 기대감이 있습니다.

이 이야기에서 보듯, 성경을 자세히 읽어 보면, 진정한 하나님 체험은 항상 자신에 대해 새로운 눈을 뜨고 현실을 직시하는 것으로 시작합니다. 인간이 하나님을 만났을 때 어김없이 일어나는 최초의 사건은, 자신의 현실을 깨닫고, 자신에 대해 절망하고 통곡하는 사건입니다. 지난 2,000년 동안 기독 교회 안에서 일어난 회심 이야기들이 한 목소리로 증언하는 바도 마찬가지입니다. 하나님을 참되게 만난 사람은 현실에 눈을 뜨고, 현실을 대면하고, 현실에 좌절합니다. 그것이 구원의 출발입니다.

이 말을 뒤집으면, 하나님을 믿지 않는 사람은 현실을 외면하고 자신이 연출한 연극을 살아갈 위험에 매우 취약하다는 말이 됩니다. 그렇다고 교회에 다닌다고 해서 자동적으로, 누구나 연극에서 벗어나 진실한 삶을 살아가게 되는 것은 아닙니다. 믿음을 가졌다고는 하나 여전히 허위와 가식과 위선 속에서 살아가는 사람도 많습니다. 그들은 참된 하나님을 믿는 것이 아니라 자신의 우상을 섬기고 있는 셈입니다. 불신앙이란 자신을 속이고 사는 것을 뜻하며, 거짓된 신앙은 종교적인 허울로 자신을 치장하는 것을 말합니다. 그러나 참된 신앙은 자신에 대해 눈을 뜨고 연극으로부터 벗어나는 것을 뜻합니다. 참되신 하나님은 우리에게 충격과 비통한 아픔이 되더라도 우리의 눈을 뜨게 하셔서 참된 현실을 직면하게 해주십니다. 그때 인생은 제 길을 찾습니다.

•• 무대 아래로

당신은 어떻습니까? 혹시, 텅 빈 무대에서 아직도 홀로 연극을 계속하고 있지는 않습니까? 홀로 만든 세계에서 홀로 주인공이 되어 왕비처럼, 혹은 왕처럼 우스꽝스러운 삶을 살고 있지는 않습니까? 가장 가까운 가족들조차 거짓과 허위로 대하며 삶을 꾸려 가고 있지는 않습니까? 혹시, 자기 자신까지도 끝없는 거짓말로 속이고 살아가는 것은 아닙니까? 하나님이 주시는 은혜를 힘입어 그 연극을 끝낼 수 있기를 기도합니다. 고집스럽게 '나홀로 연극'을 지속하다가 신애와 같이 고통스러운 과정을 겪지는 않을지 걱정스럽습니다. 하나님이 연극을 파장 내시기 전, 먼저 스스로 하나님을 찾아 나아가, 자신의 모습을 정직하게 직면하고 현실을 대면하고, 연극이 아닌 참된 인생을 살아가기를 기도합니다.

혹시, 믿는다고 하지만, 허울 좋은 신앙은 있지만, 사람들이 알지 못하는 내면의 어둠을 가지고 살고 있지는 않습니까? 신애처럼 신앙의 힘으로 자신의 연극을 더 멋지게 꾸미려고 애쓰지는 않습니까? 교회를 자신의 연극 무대로 만들고 있지는 않습니까? 혹시, 하나님 앞에서 기도할 때조차 진실할 수 없을 정도로 거짓과 가식으로 속속들이 오염되어 있는 것은 아닙니까? 명심할 것이 있습니다. 인간으로 하여금 자신의 참 모습을 깨닫게 하는 참된 힘이 신앙인데, 이 신앙이 잘못되면 자신을 속이는 가장 교묘한 수단이 됩니다. 예수님을 만났던 부자 청년이 그런 상태였습니다. 혹시나, 예수님의 눈에 우리도 부자 청년과 같은 모습은 아닐지요?

아, 두렵습니다. 이 모든 질문이 바로 저 자신에게 묻는 성령의 음성처럼 들리기에 두렵습니다. 자꾸만 제 마음속에서 "나는 아닐 거야!"라는 유혹의 음성이 들리기에 두렵습니다. 제게도 벗어 버려야 할 가면이 있고, 외면하지 말아야 할 현실이 있고, 인정해야 할 허물이 있으며, 거짓과 가식의 유혹이 있음을 부정할 수 없기에 두렵습니다. 오직 두 손 모아, 마음을 다하고 뜻을 다하여 기도할 따름입니다. 저뿐 아니라,

이 글을 읽는 모든 독자들에게도 이같은 열망이 전해지기를 그리고 그 열망이 조금씩 이루어져 가기를 간절히 기도합니다.

오, 주님, 저희를 불쌍히 여기소서.
우스꽝스러운 어릿광대짓으로부터 저희를 구하소서.
참되게 하소서.
진실되게 하소서.
연극이 아니라 진짜 인생을 살도록
저희를 구하여 주소서.
예수님의 이름으로 기도합니다.
아멘.

◎ 토의를 위한 질문

❶ 주변에서 연극같이 살아가는 사람을 본 적이 있습니까? 실명을 밝히지 말고, 그 사람의 연극적 삶에 대해 말해 보십시오.
❷ 연극처럼 살아가는 것에 무슨 문제가 있습니까? 그것이 왜 본인에게나 다른 사람에게 불행이 되는지, 생각을 나누어 보십시오.
❸ 자기 자신을 생각해 보십시오. 자평하기에, 당신의 삶에는 연극적인 요

소가 얼마나 있습니까?

❹ 현실에 진실하고 정직하게 살아가기 위해 이제 어떻게 하겠습니까? 한 가지만 나누어 보십시오.

7장
거울을 들어 주라—사랑

•• 이상한 러브 스토리

"밀양"은 어느모로 보든 남녀간의 사랑 이야기라고는 보기 힘듭니다. 그런데 이 영화의 포스터는 이 영화가 마치 사랑 이야기인 양 소개하고 있습니다. 영화 포스터에 "동그라미처럼, 그가 그녀 곁을 맴돌기 시작했다"는 문구도 보이고, "이런 사랑도 있다…"라는 문구도 보입니다. 신애의 남동생이 밀양 역전에서 "사장님은 누나의 타입이 아니예요"라는 말을 종찬에게 던지고 가는데, 관객인 우리가 보아도, 시골 노총각 종찬은 세련된 서울 색시 신애에게는 어울려 보이지 않습니다. 그렇지만 종찬은 늘 신애 곁을 맴돕니다. 신애를 향한 종찬의 사랑이 이야기의 한 축을 형성하고 있습니다. 그러나 이 영화를 남녀간의 사랑 이야기라고 정의하기는 어려워 보입니다.

왜 그럴까요? 두 사람의 애정보다는 신애의 아픔과 치유 과정이 더 부각되기 때문에 그럴 수 있습니다. 하지만 더 큰 이유는, 종찬이 신애에게 표현하는 사랑의 성격 때문인 것 같습니다. 신애에 대한 종찬의 사랑은 왠지 연애하는 사람들이 보여 주는 그런 사랑과 달라 보입니다. 물론, 종찬은 신애를 이성으로 좋아합니다. 하지만 그것이 전부는 아닌 것처럼 느껴집니다. 그의 사랑은 이성을 향한 정염을 초월하는, 뭔가 더 순수하고 더 온전하며 더 차원 높은 감정처럼 느껴집니다.

'왜 감독은 이 영화를 사랑 이야기로 부각시키려 했을까? 열에 아홉은 "이건 사랑 이야기가 아니잖아?"라고 반문할 것이 뻔한데, 왜 굳이 사랑 이야기로 선전했을까?' 이 질문을 곰곰이 생각해 보는데, 문득 그런 생각이 들었습니다. '혹시 이성간의 사랑보다 더 근원적인, 참된 사랑에 대해 말하고 싶었던 것이 아닐까? 남녀간의 사랑이든, 부모와 자식 간의 사랑이든, 친구 사이의 사랑이든, 그 모든 사랑이 지향해야 할 참된 사랑, 영원한 사랑, 진실한 사랑에 대해 말하고 싶었던 것이 아닐까?' 영화 포스터에 내세운 문구 즉 "이런 사랑도 있다"는 문구는 "당신이 알고 있는 사랑에 대해 한번 생각해 보라"는 메시지가 아닐까 싶었습니다. "매일 사랑한다고 말하며 살아가는 당신, 혹시 이런 사랑을 알고 있습니까?"라고 반문하는 것 같았습니다.

●● 사랑스런 속물, 종찬

종찬이라는 사람은 참 신기한 인물입니다. 그는 신애가 말하듯 '속물'입니다. 옳고 그른 것에 대해 아무 개념이 없습니다. 카센터 사무실에 다방 여종업을 불러 희롱하는 일에 아무런 가책을 느끼지 않습니다. 신애가 부탁하지도 않았는데, 피아노 콩쿠르 대회에서 우승했다는 가짜 상패를 만들어 와서 손수 피아노 학원 벽에 걸어 줍니다. 신애가 "이게 뭐예요?"라고 묻자, 종찬은 "촌에 이런 거 하나 걸려 있어야 소문이 쫙 나 가지고, 아이들이 많이 찾아옵니다"라고 대답합니다.

신애를 따라 교회에 나간 다음에 종찬이 하는 행동은 더 재미있습니다. 교회에 나가자마자, 종찬은 주차 안내를 자원합니다. 어느 날, 엉터리로 주차해 놓은 차를 보고는 쩔쩔 매는 장면이 나옵니다. 속에서는 불이 나는데, 교회 앞이니 내색도 못하겠고 어쩔 줄을 모릅니다. 자기도 모르게 쌍시옷이 터져 나옵니다. 다른 데 같았으면 차를 몇 번 걷어찼을 텐데, 지나가는 교인들 눈을 의식하고는 몸만 비비 꼽니다. 그러다가 아는 선배가 와서 차를 몰고 사라지자, "언제, 소주 한 잔 사 주실랍니까?"라고 인삿말을 던집니다.

그로부터 얼마 후, 신애가 밀양 역전에서 찬송가를 부르며 전도하는 전도대에 참여하자, 종찬도 거기에 가세합니다. 술친구들이 찾아와 그 모습을 보고 조롱하는데, 종찬은 아무렇지 않게 친구에게 담배를 얻어 피우며, "담배, 이기, 왜 이리 맛있나? 오늘따라 억수로 맛있네!"라고 말합니다.

신애가 하나님께로부터 배신감을 느끼고 교회를 다니지 않는 동안에도 종찬은 꾸준히 교회에 다닙니다. 잠시 누나를 보러 내려왔던 신애의 남동생이 차에 걸려 있는 십자가를 보고, "요새도 교회 다니세요?" 라고 묻습니다. 그때 종찬이 하는 말은 실소를 자아냅니다. "아, 예. 허허, 처음에는 신애 씨 때문에 다니게 되었는데, 인자는 머 버릇이 돼서 그냥 다닙니다. 안 나가면 섭섭하고, 나가면 마음이 조금 편안하고, 그렇데예! 허허."

이렇듯 종찬은 주변에서 흔히 볼 수 있는, 특별할 것이 별로 없는 그렇고 그런 사람 중 하나입니다. 그에게는 아무런 도덕적 관념이 없는 것 같습니다. 그냥 좋은 게 좋은 거라고 여기고 살아가는 사람입니다. 밀양으로 들어오는 차 안에서 신애가 '밀양'이라는 말의 뜻이 뭔지 아느냐고 묻자, 종찬은 "뜻예? 어디 우리가 뜻 보고 삽니까? 그냥 사는 기지예!"라고 답하는데, 그것이 종찬의 인생관처럼 느껴집니다. 교회에 다니지만, '하나님의 뜻'이니, '구원의 확신'이니, '제자도'니 하는 것과는 거리가 멉니다. 거의 습관적입니다.

그런데 말씀입니다, 그런데, 아무리 나쁘게 보려 해도, 종찬이 미워 보이질 않는 겁니다. 종찬이 걸어 준 가짜 상패를 모른 척 그대로 걸어 두는 신애의 내숭은 얄미워 보이는데, 가짜 상패를 걸어 주는 종찬은 미워할 수가 없습니다. 남의 아픔에 함부로 끼어들며 "신애 씨 같은 불행한 사람은…"이라고 말하는 약국 김 집사의 행동은 우리를 낯뜨겁게 만들고, 신애의 유혹에 부질없이 넘어가는 약국의 강 장로도 우리를 고발하는 것 같은데, 종찬의 행동은 가식이라거나 허위라거나 위선이라고 느껴지지 않습니다. 오히려 사랑스러워 보일 정도입니다.

왜 그럴까요? 더 좋은 대답이 있을지도 모릅니다만, 저는 종찬의 정직함과 순진함과 진실함 때문이 아닐까 생각했습니다. 종찬은 자신이 아는 것, 자신이 믿는 것, 자신이 느끼는 것, 자신이 서 있는 위치에 진실했습니다. 자신이 아닌 다른 무엇이 되어 볼 꿈도 꾸지 않습니다. 신애가 '속물'이라고 쏘아붙여도, 저항하거나 화내지 않습니다. 속물이면 어떠냐는 식입니다. 있는 그대로의 자신을 인정하고 사랑하고 받아들입니다. 남들 앞에서 "하나님 믿는 것이 꼭 연애하는 기분이예요"라고 달뜬 표정으로 전도하는 신애의 가식과는 달리, 종찬은 교회에 나가는 이유에 대해서도 솔직합니다.

이 같은 투명성, 정직성, 순진성, 진실성이 종찬을 미워할 수 없는 인물로 만드는 것 같습니다. 종찬의 삶이 이상적이라는 뜻은 아닙니다. 누가 보아도, 종찬에게는 발전이 필요합니다. 도덕 관념도 좀 생겼으면 좋겠고, 교회에 나가는 이유도 달라졌으면 좋겠습니다. 신앙 생활이 더 깊어졌으면 좋겠고, 다방 여종업원을 희롱하는 것에 부끄러움도 느꼈으면 좋겠고, 거친 욕설도 점점 어색하게 느꼈으면 좋겠습니다.

하지만 지금 그대로의 모습으로도 종찬은 이 영화에 등장한 인물들 가운데 가장 사랑스럽습니다. 도무지 연극할 줄을 모르는 사람, 꾸밈과 가식이 없는 사람, 자신의 무식과 교양 없음을 부끄러워하지 않고, 생긴 모습대로 인정하고 살아가는 사람이기 때문에 그렇습니다. 영화 속에서 종찬은 항상 신애 옆에 혹은 뒷자리에 서 있는데, 그것이 마치, 연극에 빠져 사는 신애와 현실을 사는 종찬을 대비하려는 의도처럼 보입니다.

또 하나, 종찬이 사랑스러운 이유는 그의 일관된 헌신과 사랑 때문입니다. 신애를 향한 종찬의 일관된 사랑에는 어떤 불순한 의도가 없습니다. 계산도 없습니다. 사실, 종찬이 신애를 대하는 모습을 보면, 연애기술에서 낙제생에 속하는 제가 보더라도 참 딱해 보입니다. 사십줄을 바라보는 나이가 되도록 노총각으로 지낼 수밖에 없는 이유가 뻔히 보입니다. 그렇게 생각 없이, 아무런 전략도 없이, 그냥 무조건 주변에서 맴도는 것만으로 한 여인의 마음을 사기는 어렵습니다. 그런데 종찬은, 아무리 밀어내고 외면해도, 배알도 없는 사람처럼 또다시 헤헤거리며 신애 앞에 나타납니다.

이 영화가 사랑 이야기를 표방하는데, 결코 사랑 이야기로 느껴지지 않는 이유가 여기에 있다 싶습니다. 종찬의 사랑은 한 남자가 한 여자에게 바치는 이성적인 사랑 치고는 특별합니다. 그의 사랑의 목적은 신애를 품에 안는 것을 넘어서 있습니다. 신애가 행복해지는 것, 오직 그것이 그의 사랑의 목적입니다. 만일, 신애가 다른 남자를 만나 좋아하게 되면, 그리고 종찬이 보더라도 그 남자가 자신보다 더 나은 남자라면, 그는 아쉽지만 깨끗하게 물러서서 "행복하게 사이소!"라고 말할 사람 같습니다.

•• 사랑, 곁에 있어 기다려 주는 것

이 영화에서 참된 사랑을 몸으로 보여 주는 사람은 교회 목사도 아니고, 전도의 열정으로 충만한 약국 김 집사도 아닙니다. 도덕 관념도 희박하고, 제 앞가림도 제대로 하지 못하며, 아무 생각 없이 습관적으로 교회에 다니는 종찬, 바로 그가 참된 사랑의 모델을 보여 줍니다. 종찬의 사랑은 아무 조건 없이, 그 어떤 일에도 굴함이 없이, 일관되게, 계산 없이, 오직 상대방의 행복을 위해 나를 내어주는 사랑입니다. 동시에 그 사랑은 상대방의 영역을 침범하지 않으며, 상대방의 의지와 감정을 존중하며, 그가 도움을 청할 때까지 기다려 주는 사랑입니다.

처음부터 끝까지, 종찬은 신애와 어느 정도의 간격을 두고 떨어져 있습니다. 종찬은 신애에게 무엇도 강제하지 않습니다. 상대방이 원하는 대로 그대로 하게 내버려 둡니다. 곁에서 계속 지켜보다가, 자신의 도움이 필요하다 싶으면 가까이 다가갑니다. 마음 같아서는 신애의 영역으로 들어가 모든 것을 대신해 주고 싶지만, 그래서는 안 되는 줄을 압니다. 그렇게 하는 것은 사랑도 아니고, 돕는 것도 아님을 압니다. 애간장이 타지만, 언제나 그 거리를 유지하며 신애 곁을 맴돕니다.

종찬의 이 사랑은 하나님과 예수님의 사랑을 닮았습니다. 종찬의 사랑을 생각해 보는 동안, 누가복음 15장의 '탕자의 비유'가 떠올랐습니다. 이 비유는 '탕자의 비유'라고 부르기보다는 '어리석은 아버지의 비유'라고 불러야 할 것입니다. 예수님은 이 비유에서 인간에 대한 하나님의 사랑이 어떤 것인지를 가르쳐 주십니다.

당시 팔레스틴의 정서를 감안해 볼 때 아버지 생전에 유산을 요구하는 것은 "저는 아버지가 더 이상 필요 없습니다. 제게 아버지는 돌아가신 것이나 다름 없습니다"라고 말하는 것이나 마찬가지였습니다. 그런데 이 아버지는 설득하다가 지쳤는지, 둘째아들 몫의 유산을 떼어 줍니다. 아들은 유산을 챙겨 아버지를 멀리 떠나 방탕하게 살다가 거지가 되어 버립니다. 그때 이 아들은 제 정신이 들어, "이렇게 죽으나, 저렇게 죽으나 마찬가지니, 아버지께 돌아가서 사죄라도 하고 죽자"는 심정으로 집으로 돌아옵니다. 돌아온 탕자가 생각했던 최악의 경우는 아버지에게 맞아죽는 것이고, 최선의 경우는 아버지 집에서 종으로 연명하는 것이었습니다. 그런데 아버지는 멀리서 아들을 알아보고 한걸음에 달려가 반겨 맞아 줍니다. 종들을 시켜 아들에게 가장 좋은 옷을 입히고, 손에 반지를 끼워 주고, 신발을 신겨 줍니다. 그리고 살진 송아지를 잡아서 잔치를 베풀라고 명령합니다.

도대체 이런 아버지가 어디 있습니까? 우리가 아는 옛날 아버지들 같았으면, 애당초 유산을 나눠 주지도 않고 내쫓았을 것이며, 거지가 되어 돌아오는 아들을 보고는 작대기를 들고 달려가 쫓아 버렸을 것입니다. 그러고도 분이 풀리지 않아서, 면사무소로 가서 아들 이름을 호적에서 지워 버렸을지도 모릅니다. 예수님 당시 유대인 아버지들도 그랬습니다. 그러니 예수님은 아주 이상한, 매우 어리석은 아버지상을 이 비유에서 소개하고 계십니다. 왜 그렇습니까? 우리 인간에 대한 하나님의 사랑이 그러하기 때문입니다.

하나님의 사랑은 무조건적이며, 일관되어 변함이 없고, 기다릴 줄 알며, 간섭하고 통제하고 억압하는 것이 아니라 스스로 알아서 행하도록 버티어 주는 사랑입니다. 심지어, 타락하고 실패하는 것까지도 참아가면서 지켜보고, 그 모든 것을 통해 상대방이 성숙하고 자라고 회복되기까지 버티어 주는 사랑입니다. 상대방이 상처로 인해 고통당하는 것을 보면서 함께 아파하며, 그 고통의 기간을 버티어 주는 사랑입니다. 그 사랑을 전하기 위해 예수님은 이 비유를 말씀하셨습니다. 그리고 예수님은 하나님처럼 사람들을 사랑하시다가 십자가에 달리셨습니다. 그 사랑이 우리 구원의 능력이 됩니다.

●● 치유에는 시간이 필요하다

감독은 종찬을 이상적인 인물로 제시하려 하지는 않았지만, 그를 통해 참된 사랑이 무엇인지를 암시하려 했던 것 같습니다. 그런데 그 사랑이 어쩌면 그렇게도 하나님의 사랑과 닮았는지요! 십자가에서 드러난 예수님의 사랑을 어쩌면 그렇게도 빼닮았는지요! 이창동 감독에게는 특별한 종교가 없는 것으로 알고 있습니다만, 기독교가 말하는 사랑의 본질을 잘 아는 사람이 아닌가 하는 생각이 들었습니다.

그런 사랑만이 신애가 당한 것 같은 깊은 상처를 치유하도록 도울 수 있습니다. 신애는, 남편을 잃고 얼마 지나지 않아 하나밖에 없는 아들까지 잃은 깊은 상처를 어떻게든 빨리 치유하고 싶었던 것 같습니다. 그러지 않았겠습니까? 신애로서는 그 아픔이 너무 커서 그대로 안고 살아갈 수가 없었을 것입니다. 그래서 치유 집회에도 찾아갔고, 잠시 찾아온 정서의 변화를 하나님의 치유로 성급하게 해석했습니다.

그러나 신애가 상처의 치유에 대해 알았어야 할, 그리고 우리 모두가 잊지 말아야 할 진리가 하나 있습니다. 상처를 치유하는 데는 그만한 시간과 아픔이 따른다는 진리입니다. 그 시간을 줄이거나 그 고통을 줄여 줄 방도가 별로 없습니다. 다른 사람이 그 고통을 대신해 줄 수는 더더욱 없습니다. 아무리 나를 아끼고 사랑하는 사람이라도 별 도리가 없습니다. 내가 받은 상처는 나홀로 아픔을 견뎌야 합니다. "세월이 약이겠지요!"라는 옛날 유행가 가사는 참으로 통속적으로 보이지만, 심리학자들이 하나같이 이 진리에 동의합니다.

엘리자베스 퀴블러 로스와 데이비드 케슬러는 「인생수업」(이레 역간)이라는 책에서, 헤아릴 수 없이 많은, 상처입은 사람들과 함께 지낸 경험을 토대로 하여 이렇게 말합니다.

분명하게 말할 수 있는 한 가지는 시간이 그 모든 것[상체]을 치유하리라는 사실입니다. 불행히도 치유의 과정이 언제나 직선적인 것은 아닙니다. 그래프의 상승선처럼 빠르고 분명하게 회복되지는 않습니다. 오히려 치유의 과정은 롤러코스터를 타는 것과 같습니다. 온전히 자신을 회복해 가다가도 갑자기 절망의 나락으로 떨어지고, 역행하는 것 같다가 다시 앞으로 나아가기도 합니다. 그런가 하면 다시 시작점으로 돌아온 듯한 기분이 들 때도 있습니다. 이것이 바로 치유의 과정입니다. 결국 당신은 치유될 것이며, 온전한 자신을 되찾게 될 것입니다. 잃어버린 것을 되찾지는 못하겠지만, 그 상처를 치유할 수는 있습니다. 그리고 여행의 어느 지점에 도달하면, 당신이 잃어버렸다고 슬퍼한 사람이나 사물이 결코 당신에게 소유된 적이 없었음을 깨닫게 될 것입니다. 또한 한편으로 그것들을 다른 방식으로 영원히 소유하게 되리라는 것도 알게 될 것입니다(p. 88).

따라서 상처 때문에 아파하는 사람들을 도울 수 있는 길은 그 상처가 치유되는 과정을 함께 견뎌 주는 것입니다. 종찬이 신애에게 했던 것처럼 말입니다. 우리가 그 사람의 고통을 대신해 줄 수는 없습니다. 그 사람의 아픔을 다 아는 양 함부로 말해서도 안 될 것입니다. 이런 점에서 보면, 약국의 김 집사는 믿음이 좋은 사람처럼 보이지만, 상처받은 사람을 돕는 일에는 아주 서툰 사람입니다. 믿음이 좋다는 사람들이 자주 그런 잘못을 범합니다. 안타깝지만, 그 사람이 아파하는 과정을 옆에서 지켜보면서 버텨 주는 것이 우리가 줄 수 있는 가장 큰 도움이요 사랑입니다.

•• 믿음, 아픔을 통과하게 하는 힘

그렇다고 해서, 상처의 치유 과정에서 믿음이 아무런 역할을 할 수 없다는 뜻은 아닙니다. 영적 생활은 마음의 치유를 위해 가장 효과적인 방안 중 하나입니다. 하지만 그 영적 생활이 자신의 상처를 잊기 위한 노력이 되고, 마땅히 당해야 하는 아픔으로부터 도피하는 수단이 되면, 그것은 오히려 치유를 늦출 뿐입니다. 영적 생활은 오히려 그 반대의 역할을 해야 합니다. 제대로 된 영적 생활은 상처를 정면으로 대면할 수 있도록 도와주며, 아픔을 끌어안고 견딜 힘을 제공해 줍니다. 또한 영적 생활을 통해 우리는 지금 당한 상실과 상처로 우리 삶이 끝난 것이 아님을 깨닫습니다. 그 상실과 상처에도 불구하고 살아야 할 충분한 이유와 가치가 있음을 알게 됩니다. 그러면 우리는 상실과 상처에 얽매여 과거의 포로가 되지 않고, 앞으로 전진해 갈 수 있습니다.

얼마나 많은 사람들이 믿음만 있으면 치유 기간을 생략하고 아픔을 면제받을 수 있다고 생각하는지요! 얼마나 많은 사람들이, 훌륭한 신앙이란 상처를 당했을 때 무심하게 견뎌내는 것이라고 오해하고 있는지요! 그것은 마치 칼에 손을 베었을 때, 기도만으로 그 상처가 빨리 아물기를 기대하는 것과 마찬가지입니다. 그런 이적이 일어나기도 하지만, 더 많은 경우에 하나님은 시간을 통해 치유하십니다.

진리는 때로 잔인합니다. 믿음을 가졌다고 해서 다른 사람이 다 당하는 상실과 상처를 피할 수는 없습니다. 믿음을 가졌다고 해서 순식간에 상처를 치유받고 아픔을 면제받을 수도 없습니다. 그랬다면 예수 그리스도께서 왜 십자가에 달려 돌아가셨겠습니까? 하지만 진리는 또한 자비롭습니다. 우리와 함께하시는 성령과 하루 하루 동행해 나가면, 상처가 치유되는 동안 그 아픔에 짓눌리지 않고, 오히려 상처를 대면하고 아픔을 끌어안을 수 있게 됩니다. 성령이 주시는 영감으로 우리는 우리가 받은 상처 이상의 것을 보며, 우리가 당하는 아픔 이상의 것을 보게 됩니다. 그래서 시편 저자처럼 "고난을 당한 것이 내게는 오히려 유익하게 되었습니다"(119:71)라고 고백할 수 있게 될 것입니다.

이 영화의 마지막 장면이 어떤 의미인지 궁금해하는 분들이 많습니다. 이 영화의 마지막은, 여운 치고는 너무 모호한 여운을 남겨 주는 것 같습니다. 미장원에서 도섭의 딸 정아와 마주친 신애는 참지 못하고 머리를 자르다 말고 뛰쳐 나옵니다. 한동안 비워 두어 썰렁해진 집에 돌아와, 신애는 작은 거울을 들고 마당에 나와 적당한 곳에 거울을 세워 둡니다. 걸음을 옮길 때마다 신애의 슬리퍼가 땅에 끌리는 소리가 들립니다. 매우 지친 모습입니다. 그는 의자를 끌어와 맨손으로 뽀얗게 쌓인 먼지를 닦아 낸 후, 거기 앉아 거울을 보고 머리카락을 다듬습니다.

이 마지막 장면에서 우리는 신애의 앞날에 대해 희망을 가질 수 있습니다. 세 가지 이유 때문입니다. 첫째, 신애가 '스스로' 머리를 자르고 있다는 것입니다. 이제 자신의 생을 홀로 그리고 스스로 대면할 준비가 되어 있다는 의미입니다. 둘째, 여자가 머리를 자른다는 것은 새로운 마음가짐으로 뭔가를 다시 시작하겠다는 의미입니다. 머리를 자르는 신애는 이제 다른 사람이 될 것처럼 보입니다. 셋째, 거울을 본다는 것은 자신을 있는 그대로 대면한다는 의미입니다. 신애가 보고 있는 거울 구석에는 작은 사진이 꽂혀 있습니다. 죽은 아들 준의 사진입니다. 그런데 신애는 더 이상 그 사진에 시선을 두지 않고, 자기 얼굴을 보며 머리를 손질합니다. 그만큼 치유가 되었다는 뜻입니다.

바로 이때 종찬이 문을 열고 들어옵니다. 그는 넉살 좋은 웃음을 지으며, 거울을 들고 신애의 얼굴을 비추어 줍니다. 신애는 자세를 고쳐 앉아 머리카락을 자릅니다. 종찬의 사랑, 종찬의 도움은 늘 이런 식이었습니다. 사랑하는 사람의 의지와 감정을 100퍼센트 존중하면서, 늘 곁에서 도울 것이 없는지를 찾는 그런 사랑이었습니다. 신애가 강 장로를 유혹하다가 실패하고는 종찬의 집으로 찾아와 망가지려고 할 때, 종찬은 딱 한 번, 제발 정신 좀 차리라고 역정을 냅니다. 하지만 종찬은 신애가 정신을 차릴 때까지 기다려 주었고, 자신을 스스로 볼 수 있도록 앞에서 거울을 들어 주었습니다. 그런 사랑이 있기에 신애는 아직까지 생을 붙들고 있었고, 앞으로 회복될 희망이 보입니다.

•• 사랑을 안다 하지 말라

이 영화를 보면서, 우리가 입은 상처를 대면할 용기를 얻었으면 좋겠습니다. 독자들 가운데는 깊은 마음의 상처로 인해 고통받는 분들이 있을 것입니다. 혹은, 과거에 받은 상처 때문에 아직도 아픔을 겪고 있는 분들도 있을 것입니다. 이미 다 잊은 줄 알았는데, 문득 문득 시뻘건 상처가 그 모습을 드러내어 고통당하는 분들도 있을 것입니다.

영적 생활로써 얻는 믿음의 능력을 통해 당신의 상실과 상처를 인정하고 대면할 힘을 얻기 바랍니다. 믿음의 능력으로 그 아픔을 적극적으로 끌어안고 견딜 힘을 얻기 바랍니다. 믿음의 능력으로 인간적인 상실 이상의 세계를 볼 수 있기를 기도합니다. 그리하여 과거의 포로가 아니라 미래의 전사로서 전진해 가십시오. 마치 고통스러워 하는 신애를 저만치에서 바라보며 같이 가슴 아파하며 견뎌 주는 종찬처럼, '어리석은 아버지' 같은 하나님께서 여러분이 고통당하는 과정을 아픈 가슴으로 지켜 보십니다. 그것이 그분의 사랑법입니다.

아울러, 이 영화를 보면서 또한 상처입은 사람들을 사랑하는 법에 대해서도 한 수 배웠으면 좋겠습니다. 우리는 사랑할 줄 모릅니다. 부모 사랑에 대해서도 그렇고, 자식 사랑에 대해서도 그렇습니다. 배우자를 사랑하는 법에 대해서도 우리는 무지합니다. 우리의 사랑은 지극히 이기적이고, 계산적이며, 감정적이고, 변덕이 심합니다. 우리의 사랑은 너무나 조급하여 기다릴 줄을 모릅니다. 내 뜻대로 상대방을 조종하는 것을 사랑으로 착각합니다. 그러나 그것은 사랑이라는 허울을 쓴 욕심이요, 폭행입니다.

사랑하되, 내가 아니라 상대방을 중심으로 행하는 사랑! 사랑하되, 상대방의 행복을 위해서 행하는 사랑! 상대방에게 아무리 좋은 것이라 해도 강요하지 않고, 상대방에게 해로워 보여도 지나치게 간섭하지 않고, 그가 스스로 알아서 선택하고 결정하도록, 거리를 두고 지켜보는 사랑! 안타까운 마음으로 사랑하는 사람의 시행착오를 함께 견디며 기다리는 사랑! 상처를 당하여 아픔을 겪을 때, 곁에서 버티어 주는 사랑! 마침내 정신을 차리고 일어설 때, 그 사람 앞에서 거울을 들어 주는 사랑! 이 사랑을, 우리는 얼마나 압니까? 하나님을 믿고 예수 그리스도를 주님으로 섬긴다는 우리는 과연 그분의 사랑을 얼마나 압니까?

이 영화는 종찬을 통해, 믿음이 좋다고 자부하던 우리 모두에게 "당신들은 이런 사랑이 있다는 사실을 알고나 있습니까? 당신들이 입버릇처럼 말하는 사랑으로 상처 입은 영혼을 한 사람인들 버티어 줄 수 있습니까? 당신은 다른 사람의 상처가 치유되기까지 버티어 본 일이 한 번이라도 있습니까?"라고 묻는 것 같습니다. 이 질문에 우리 모두가 정직하게 응답하고 깨어나지 않으면, 우리도 양손을 앞으로 내밀어 "당신은 사랑받기 위해 태어난 사람"이라며, 낯 간지러운 찬양을 부르는 데 만족하고, 상처 입은 사람들이 예배당 밖에서 홀로 고통스러운 씨름을 하게 내버려 두는 잘못을 피할 수 없을 것입니다. 이 영화를 보면서, 왠지 하나님은 예배당 안에 계신 것이 아니라, 예배당 밖에서 종찬과 함께 계신 것 같은 느낌을 떨칠 수 없었습니다.

사랑의 주님,
저희가 사랑을 모릅니다.
저희가 사랑에 무능합니다.

저희를 불쌍히 여기소서.

주님의 사랑을 알게 하시고

행하게 하소서.

오 주님,

저희로 진짜가 되도록

도와주소서.

예수님의 이름으로 기도합니다.

아멘.

◎ **토의를 위한 질문**

❶ 하나님의 어리석은 사랑법에 대해 의견을 나누어 보십시오. 하나님의 사랑은 우리의 사랑과 어떻게 다릅니까?

❷ 당신에게는 아직 치유되지 않은 아픔이 있습니까? 이 영화를 통해 그 아픔의 치유와 관련하여 배운 점이 있습니까?

❸ 당신의 주변에 혹시 아픔을 겪고 있는 사람이 있습니까? 그 사람에게 도움이 되기 위해 당신이 할 일이 무엇이라고 생각합니까?

❹ 가족에 대한 당신의 사랑을 점검해 보십시오. 혹시나 사랑이라는 이름으로 집착하거나 폭력을 행하고 있지는 않습니까? 거울을 들어 주는 사랑을 행하려면 어떻게 해야 할까요? 서로 의견을 나누어 보십시오.

맺는 말 ● 왜 교회는 신애의 구원이 되지 못했을까?

●● 겉도는 교회, 겉도는 교인

'우리 교회에는 신애가 얼마나 많을까?' '얼마나 많은 신애들이 실망하면서 우리 교회를 떠났을까?' 영화 "밀양"을 보고 나서, 한 교회를 섬기는 목사로서 제게 든 질문입니다. 이 질문 때문에 마음이 착잡했습니다. 많은 신애들이 제가 섬기는 교회 안에서 씨름하고 있을 것이 분명하며, 이미 희망을 접고 교회를 떠난 신애들도 적지 않으리라는 생각이 들었기 때문입니다. 그래서 저는 이렇게 묻기 시작했습니다. '어떻게 하면 교회가 신애에게 구원이 될 수 있었을까?'

이 영화에서 교회는 겉돌고 있습니다. 교회는 실패했습니다. 종찬이 하는 말, "안 나가면 섭섭하고, 나가면 쪼금 마음이 편하고, 그렇데예"라는 말은, 마치 교회에게 별로 기대할 것이 없다는 말처럼 들립니다. 실제로 한국 사회에서 교회는 그렇게 취급받고 있습니다. 최근에는 더 악화되어, 미움과 멸시의 대상으로 전락하고 말았습니다. 기독교를 한국 사회에서 완전히 박멸할 때까지 투쟁하겠다는 모임까지 생겼습니다.

신애가 한 동안 교회를 다녔지만, 목회자도, 교인들도 신애의 속사정을 아는 사람은 하나도 없습니다. 구역 식구들이 생일을 축하해 주기도 하고, 함께 가정 예배를 드리기도 하고, 신애를 위해 철야 기도회를 갖기도 합니다. 하지만 그 모든 것이, 두 손을 내밀고 축복송을 부르는 장면에서 느끼는 것만큼이나, 피상적이고 가볍고 낯간지럽습니다. 그들 사이에 마음과 마음의 소통은 없어 보입니다. 모두 다 가면을 쓰고 만나서 '은혜로운' 이야기만 하다가 흩어지는 것처럼 보입니다. 아니, 다른 사람들 사이에는 깊이 있는 소통이 있을지도 모릅니다. 하지만 신애는 이 모임에서도 겉돌고 있습니다.

그렇다고 해서 이 교회에 문제가 있다고 딱히 꼬집어 말할 수도 없습니다. 영화에 나오는 교회는 한국의 어디에서나 볼 수 있는 전형적인 교회입니다. 목사도 훌륭해 보이고, 예배도 장엄하고 영감 있어 보이며, 교인들 사이의 분위기도 좋아 보입니다. 특별하다 할 것도 없지만, 잘못된 점도 찾을 수가 없습니다. 그런데 왜 겉돌고 있는 것일까요?

이 질문을 생각하면서, 저는 바로 그것이 우리 한국 교회 전체에게 주는 뼈아픈 충고라고 느꼈습니다. 신애가 다니던 교회는 대부분의 한국 교회를 대변한다고 볼 수 있습니다. 그 교회만의 특별한 문제가 있었다면, "다른 교회는 그렇지 않아!"라고 위로할 수 있습니다. 하지만 어디서나 볼 수 있는 꽤 괜찮은 교회임에도 불구하고 신애에게 구원의 길잡이 역할을 하지 못했으니, 결국 대부분의 한국 교회가 그런 상황에 있다는 뜻으로 풀어야 하지 않겠습니까? 저 자신도 제가 섬기는 교회가 예외라고 장담할 수 없으니, 참 괴로운 일입니다.

•• 신애의 몫이 따로 있었다

물론, 한 개인의 구원 문제는 근본적으로 그 사람과 하나님 사이의 일이며, 가장 중요한 것은 개인의 결단이요 태도입니다. 그러므로 신애가 교회 안에서 구원의 길을 찾지 못한 책임을 모두 교회에만 돌릴 수는 없습니다. 신애는 참다운 믿음을 가지고 교회에 다닌 것이라고 보기 어렵습니다. 앞에서 보았지만, 교회는 그의 또 다른 연극 무대였습니다. 이 사실은 교회 앞에서 주차 정리를 하던 종찬과의 대화에서 드러납니다.

왜 교회에 나오냐는 신애의 질문에 종찬이 하나님을 믿기 위해 나온다고 답하자, 신애는 다시 한 번 따지듯이 다그쳐 묻습니다. "정말이요? 다른 목적이 있는 거 아니고요?" 신애에게 오해가 있는 것 같다면서 자신은 정말로 믿음이 있어 교회에 나온다고 대답하는 종찬에게 신애는 계속해서 따지듯이 묻습니다. "하나님 앞에 맹세할 수 있냐구요? 지금 하나님이 보구 계세요. 하나님 앞에 정말 믿음 있다고 맹세할 수 있어요?"

신애는 사실 자기 자신에게 따지고 있는 것이나 마찬가지입니다.

종찬이 자기 때문에 교회에 다니는 것을 알기에, 그것이 싫어서 하는 말이기는 하지만, 신애는 동시에 자기 자신에게 이 질문을 하고 있는 셈입니다. 겉으로는 믿음이 있는 사람처럼 행세하지만, 믿음 없이 교회에 다니는 자신의 허위가 싫어서 하는 말입니다.

그러므로 신애가 교회에서 구원의 길을 찾지 못한 가장 큰 이유는 신애 자신에게 있다고 할 수 있습니다. 저는 태어나면서부터 지금까지 교회 생활을 해 왔기 때문에 교회 현장을 속속들이 잘 압니다. 그래서 본인이 바른 동기와 진실한 태도로 임하지 않으면, 교회로서는 별로 할 일이 없다는 사실도 잘 압니다. 물가로 말을 끌고 갈 수는 있지만, 억지로 물을 먹게 할 수는 없는 것과 같은 이치입니다. 한 사람을 교회까지 강권하여 데려올 수는 있지만, 그 사람이 생명의 물을 마시도록 강권할 수는 없습니다. 스스로 영적 갈증을 느끼고 생명의 물을 찾아야만 가능합니다.

•• 거룩한 사귐의 공동체

그렇기는 하지만, 교회에게 책임이 전혀 없다고도 할 수 없습니다. 신애는 교회 생활에 꽤 깊이 참여했던 것 같습니다. 주일 예배에 꾸준히 참여했고, 구역 모임에도 참여했습니다. 그 외에도 다른 집회나 신앙 교육에도 참여했을 것입니다. 세례받는 장면은 나오지 않으나, 그 정도면 교회에 꽤 잘 정착했다고 할 수 있습니다. 그러니, 그 사이에 누군가 신애에게 개인적인 관심을 갖고 좋은 친구가 되어 흉금을 터놓고 진솔하게 속 이야기를 나누었더라면 얼마나 좋았을까요? 신애가 워낙 두텁게 보호막을 치고 철저하게 위장하고 행동했기 때문에 웬만해서는 그를 무장해제시킬 수 없었겠지만, 그래도 그 점이 아쉽습니다.

또 김 집사 이야기를 해서 안 됐습니다만, 그의 목적은 전도에만 국한되어 있는 것 같은 느낌입니다. 진정한 의미의 전도는 진실하게 하나님을 만나 회심하도록 안내하고 인도하는 것입니다. 교회 안에 발을 들여 놓는 것으로 전도에 성공했다고 보아서는 안 됩니다. 그것은 전도의 출발일 뿐입니다. 바울 사도의 말대로, 그 사람 속에 "그리스도의 형상이 이루어지기까지 해산의 고통"(갈 4:19)을 감당해야 합니다. 20세기가 낳은 훌륭한 선교사 중 한 사람으로 꼽히는 스탠리 존스(Stanley Jones) 목사는 "교회 안에 있는 사람 중 3분의 2는 회심이 필요한 사람들이다"라고 지적한 바 있습니다. 맞는 말입니다. 전도가 필요한 사람들은 교회 밖에만 있는 것이 아니라 교회 안에도 있습니다.

어떤 사람의 몸이 교회 안에 머물러 있기만 하면 안심하는 정서를, 제 자신에게서도 발견합니다. 주일 예배에 참석했다는 사실만으로 그 사람의 영적 상태에 대해 안심하는 경향이 있습니다. 물론, 주일 성수가 무시할 수 없는 요소이기는 합니다. 한 동안 주일 예배에 불참했다거나 특별한 이유 없이 자주 빠질 경우, 거의 예외 없이 무엇인가 문제가 있습니다. 하지만 그 반대도 늘 진실일 것이라고 생각해서는 안 됩니다. 주일 예배에 빠짐없이 참석한다고 해서 '문제 없음'이라고 판정하는 것은 아주 위험한 일입니다. 그 사람과 하나님의 사귐이 얼마나 살아 있으며, 그 관계 안에서 얼마나 성장하고 있는지 지속적으로 살펴야 합니다. 그러한 영적 보살핌이 없이는, 우리의 신애들은 '혹시나' 하고 교회에 나왔다가 실망하고 돌아가게 됩니다. 그 사람의 발길을 또다시 교회로 돌리는 것은 무척 어려운 일입니다.

결국, 한 사람 한 사람에 대한 영적 돌봄 없이는, 신애 같은 사람들이 생기는 일을 막을 방도가 없습니다. 주일 예배 참석 여부를 점검하는 정도로 만족하지 말고, 혹은 어쩌다가 한 번 심방하여 부리나케 예배를 드리고 사라지는 것이 아니라, 그 사람의 전체적인 삶의 상태를 들여다보고 그에 따른 적절한 도움을 줄 수 있는 목회가 필요합니다. 한 번으로 끝나는 것이 아니라, 교회에 발을 들여놓은 시점부터 목숨이 다하는 날까지 지속적인 돌봄이 필요합니다.

그러면 누가 그 일을 감당하겠습니까? 목회자가 할 수 있습니까? 마땅히 영적 돌봄은 목회자의 책임에 속합니다. 하지만 한 사람의 목회자가 전인적이고 지속적인 영적 돌봄에 전념하자면, 채 몇 사람도 돌보기 힘들 것입니다. 교인들이 서로 친구가 되어 주고 멘토가 되도록 돕는 것이 제일 좋은 방법입니다. 누군가가 다른 한 사람의 짐을 일방적으로 맡아질 수는 없는 일입니다. 평상시에는 서로 자기 짐을 지고 가다가, 다른 사람이 어려울 때면 내가 짐을 져 주고, 내가 어려울 때면 다른 사람에게 짐을 맡기는 상호적인 관계가 성립되어야 합니다. 이것이 성경적인 의미의 '사귐'(코이노니아)입니다. 그리고 이것이 교회의 본질입니다. 목회자는 이러한 사귐이 일어날 수 있도록 섬기는 사람이라 할 수 있습니다.

•• 포기할 수 없는 소망

예수 그리스도 안에서 나누는 진정한 소통과 사귐, 바로 그것이 신애가 다니던 교회에 없었던, 그리고 대부분의 한국 교회에서 보기 어려운 요소가 아닌가 싶습니다. 그런데 바로 그것이 교회의 본질이라는 점이 마음을 아프게 합니다. 진정한 소통과 사귐이 없는 교회는 교회의 본질을 잃었다고 해도 과언이 아닙니다. 신애처럼 두텁게 화장을 하고 교회에 들어간 사람도 얼마 후에는 그 화장을 걷어내고 '쌩얼'로 사람들을 대할 수 있을 정도로 강한 '사귐의 힘'이 교회에 있어야 마땅합니다. 그런데 실상은 신애뿐 아니라, 예배당에 앉아 있는 사람들이 대부분 두꺼운 보호막을 두르고 있다는 것입니다.

이 글을 쓰고 있는 제 마음이 심히 괴롭습니다. 바로 제가 섬기는 교회의 이야기이기 때문입니다. 저는 자주 "하나님, 저의 엉터리 목회를 어찌합니까? 어찌하면 좋습니까?"라고 기도하곤 합니다. 외적인 조건을 따지자면 괜찮은 목회를 하고 있다고 평가할지 모르겠습니다. 하지만 제가 섬기는 교회 안에 신애와 같은 사람들이 적지 않고, 목사인 제가 알지도 못하는 동안에, 그들이 아무런 영적 돌봄을 받지 못하다가 지쳐서 마침내 교회를 떠나는 일이 없지 않다는 사실을 아는 한, 저는 하나님 앞에서 늘 제 목회를 '엉터리'라고 부르며 하나님의 도우심을 구합니다.

본회퍼의 고전「신도의 공동 생활」(기독교서회 역간)과 게르하르트 로핑크가 쓴「예수는 어떤 공동체를 원했나?」(분도출판사 역간)를 읽으며, 저는 "이런 공동체를 일구는 일이라면 목회에 일생을 걸어 볼 만하다"고 가슴이 부풀었습니다. 그 꿈은 여전히 제게 영감을 불어주고 용기를 북돋워 줍니다. 우리가 육신을 입고 이 땅에 사는 한, 완전한 존재가 될 수 없는 것처럼, 이 땅 위에 있는 교회가 완전한 신앙 공동체가 될 수 없다는 것을 저는 알고 또 인정합니다. 하지만 힘 닿는 데까지, 하나님이 허락하시는 능력에 의지하여, 그 같은 영적 공동체를 일구는 것이 저의 소망입니다. 영화 "밀양"은 역설적인 방법으로 이 소망이 얼마나 중요한지를 제게 일깨워 주었습니다.

기도

주님,

저희 가운데

진정한 코이노니아가 이루어지게 하소서.

교회 안에서 진정한 친구를 발견하게 하시며

또한 진정한 친구가 되어 줄 수 있게 하소서.

교회 교회마다
진정한 소통과 사귐이 일어나게 하소서.
예수님의 이름으로 기도합니다.
아멘.

◎ **토의를 위한 질문**

❶ 신애가 다녔던 교회가 신애에게 구원의 도구가 되어 주지 못했던 다른 이유가 더 있는지 생각해 보십시오.
❷ 진정한 소통과 사귐이 있는 교회를 이루기 위해 해야 할 일은 무엇입니까?
❸ 마음을 터놓고 나눌 수 있는 영적 친구가 교회 안에 있습니까? 당신은 그런 영적 친구가 되어 주고 있습니까?

후기

저는 "밀양"에서 우리 믿는 사람들의 초상을 보게 되었습니다. 그 초상은 있는 그대로 부인할 수 없는 우리의 모습이었지만, 그것이 저를 괴롭혔습니다. 분명히 그 모습이 우리의 모습인데, 영화라는 거울을 통해 그 모습을 마주하고 보니, 뭔가 어색하고 왜곡되어 있음을 느낀 것입니다. 그것이 저를 불편하게 했습니다.

이 불편함의 정체를 확인하기 위해서 저는 이 영화를 보고 또 보았습니다. 그것은 다름 아닌 제 자신에 대한 성찰의 과정이었습니다. 그렇게 성찰하는 가운데, 우리의 모습이 예수 그리스도의 가르침으로부터 얼마나 멀리 떨어져 있는지를 알게 되었습니다. 예수 그리스도의 영으로 인해 마땅히 되었어야 할 모습과 지금 우리가 가지고 있는 모습 사이의 간극이 저를 착잡하게, 당혹스럽게, 께름칙하게, 석연찮게 만들었던 것입니다. 저는 부끄러웠습니다. 이를 어쩌나 싶었습니다.

...

교회는 지금 위기에 처해 있습니다. 이 위기는 교회와 기독교인들이 스스로 자초한 위기입니다. 우리가 제대로 믿지 못하고 제대로 행동하지 못하여 생긴 위기입니다. 우리가 예수 그리스도를 통해 참된 진리를 추구하기보다는, 현세적인 축복과 물질적인 번영의 수단으로서 기독교 신앙을 오용했기 때문에 생긴 일입니다. 예수 그리스도의 가르침을 따르기보다는 우리 스스로의 목적을 위해 예수의 능력을 끌어 쓰려고만 했기 때문에 생긴 일입니다. 하나님의 성령의 능력으로 정화되고 성화되어 예수 그리스도처럼 살려고 하지 않고, 성령의 능력으로 성공하기만을 꿈꾸었기 때문에 생긴 일입니다.

그로 인해서 교회는 우리 사회에서 천덕꾸러기가 되어 버렸습니다. 잊을 만하면 대형 교회의 스캔들이 방송됩니다. 기독교인들의 독선적이고 오만하며 무례한 행동이 자주 문제를 일으킵니다. 나라의 지도층에 기독교인들이 많지만, 기도의 능력으로 더 출세하기만을 꾀할 뿐, 나라와 민족을 위해 헌신하려는 지도자는 별로 없습니다. 교회의 영역을 떠나 우리 사회의 원로로서 존경받고 인정받는 목회자를 찾기 어렵습니다. 교회는 날로 증오의 대상이 되고 있으며, 교세는 날로 위축되고 있습니다.

예수 그리스도를 생각한다면, 그분이 드러내신 창조주 하나님을 생각한다면, 그리고 지금도 우리 가운데 역사하시며 구원의 사역을 행하고 계신 성령님을 생각한다면, 이것은 참으로 통곡할 일입니다. 가장 값진 진주를 가지고 있으면서도, 그것을 진창에 굴리고 있는 것이나 다름이 없습니다. 구원의 진리가 우리 믿는 사람들의 잘못으로 인해 멸시받고 있으니, 이를 어찌합니까? 모한다스 간디(마하트마 간디라고도 불렸지요)가 예수 그리스도의 가르침에 깊은 영향을 받았으면서도 기독교인이 되지 않은 것에 대해 질문을 받았을 때, "예수 그리스도는 존경하는데, 교회가 싫다"고 답했다고 합니다. 간디와 같은 심정의 사람들이 우리 사회에 얼마나 많을지요!

깨어나야 합니다. 각성하고 정신을 차리고 회개하고 새로워져야 합니다. 지금 교회가 당면하고 있는 문제를 해결하는 길은 저와 당신이 함께 각성하고, 예수 그리스도의 참 제자가 되기 위해 진지하게 말씀을 배우고, 그 말씀을 우직하게 실천하면서, 참다운 진리의 길을 가는 것입니다. 저 같은 목회자는 한 눈 팔지 말고, 다급한 교회 성장을 위해서 '꿩 잡는 게 매'라는 식으로 요령 피우지 말고, 구도적 열정을 가지고 진리의 말씀 안에서 자라도록 스스로 힘쓰면서, 한 사람 한 사람의 영혼의 회복과 성장을 위해 정성을 다해야 합니다. 평신도(사실, 목회자와 평신도를 구분하는 것은 신학적으로 아무 근거가 없습니다. 신학적으로 본다면, 모두 다 나름의 목회자요, 모두 다 하나님의 백성인 평신도입니다)들께서도 예수님의 말씀을 따라, 성령의 감화를 받아, 진리의 사람으로 회복해 가는 일에 마음을 두고 헌신해야 합니다. 그 길 외에는, 다른 길이 없다는 것이 저의 판단입니다.

…

　머리말에서도 말씀 드린 바 있지만, 저는 이창동 감독에게 마음 깊은 감사를 드립니다. 앞에서 나눈 것과 같은 뼈 아픈 자아 성찰의 기회를 제공해 준 것에 대해 감사를 드립니다. 그는 기독교인은 아닐지라도, 적어도 기독교에 대해 애정 깊은 안타까움을 가지고 있는 분이 아닌가 싶습니다.* 그는 이 영화를 통해 명장으로서 재확인되기도 했지만, 의식 있는 기독교인들에게 큰 영향을 끼쳤다고 생각합니다. 저에게는 이 영화가 그 동안 보아 왔던 소위 '은혜로운' 선교 영화들보다 훨씬 더 감명 깊었습니다. 잊을 수 없을 것입니다.

　자, 이제 우리 모두 신애처럼 마음을 차분히 가라앉히고, 거울 앞에 서십시다. 우리의 거울은 하나님의 말씀입니다. 야고보서에 다음과 같은 말씀이 있습니다.

　말씀을 행하는 사람이 되십시오. 그저 듣기만 하여 자신을 속이는 사람이 되지 마십시오. 말씀을 듣고도 행하지 않는 사람은 있는 그대로 자기 얼굴을 거울 속으로 들여다보기만 하는 사람과 같습니다. 이런 사람은 자기의 모습을 보고 떠나가서 그것이 어떠한지를 곧 잊어버리는 사람입니다. 그러나 완전한 율법 곧 자유를 주는 율법을 잘 살피고 끊임없이 그대로 사는 사

---

* "밀양은 하나님의 비밀스러운 뜻이라고 볼 수도 있다", "미주뉴스앤조이" 2007. 12. 20일자 기사 참고. http://www.newsnjoy.us/news/articleView.html?idxno=523

람은, 율법을 듣고서 잊어버리는 사람이 아니라, 그것을 실행하는 사람인 것입니다. 이런 사람은 그가 행한 일에 복을 받을 것입니다(1:22-25).

여기서 저자는 '율법'이라는 단어를 사용하고 있는데, 그것은 저자의 유대교적 배경 때문입니다. 우리는 이 단어를 '말씀'이라는 단어로 바꾸어 생각할 수 있습니다. 육신이 되어 우리에게 오신 말씀, 곧 예수 그리스도, 그리고 그분을 통해 우리에게 전해진 하나님의 말씀이 우리의 거울입니다. 이 거울로써 우리 자신을 부단히 비추어 보고, 잘못된 것을 고쳐 나가면, 우리 자신에게도 이로울 것이며, 다른 사람에게도 덕을 끼칠 수 있을 것입니다. 무엇보다도, 이 영화에 등장하는 많은 기독교인들처럼 '겉도는 신자'의 모습을 탈피하고, 어려움에 있는 사람에게 진정한 도움이 되며, 고통 중에 있는 사람에게 치유가 되고, 길 잃은 사람에게 길잡이가 되어 줄 수 있을 것입니다.

이 진리의 기적이 저에게 그리고 저와 같은 마음을 품은 여러분께 목숨이 다하는 그 순간까지 끊임없이 이어지기를 기도합니다. 감사합니다.

숨어 계신 하나님

초판 발행_ 2008년 3월 15일
초판 9쇄_ 2021년 8월 30일

지은이_ 김영봉
펴낸이_ 정모세

펴낸곳_ 한국기독학생회출판부
등록번호_ 제313-2001-198호(1978.6.1)
주소_ 04031 서울시 마포구 동교로 156-10
대표 전화_ (02)337-2257 팩스_ (02)337-2258
영업 전화_ (02)338-2282 팩스_ 080-915-1515
홈페이지_ http://www.ivp.co.kr 이메일_ ivp@ivp.co.kr
ISBN 978-89-328-4049-9

ⓒ 김영봉 2008

책값은 뒤표지에 있습니다.
무단 전재와 복제를 금합니다.